SIMONE BODÈVE

CELLES QUI TRAVAILLENT

PRÉFACE DE
ROMAIN ROLLAND

4ᵉ Édition

LIBRAIRIE OLLENDORFF
50, CHAUSSÉE D'ANTIN
PARIS

Celles qui travaillent

DU MÊME AUTEUR

Clo, roman.

Son Mari, roman.

La Petite Lotte, roman.

SIMONE BODÈVE

CELLES QUI TRAVAILLENT

QUATRIÈME ÉDITION

PARIS

Société d'Éditions Littéraires et Artistiques

LIBRAIRIE PAUL OLLENDORFF

50, CHAUSSÉE D'ANTIN, 50

IL A ÉTÉ TIRÉ A PART :

*5 exemplaires sur papier de hollande
numérotés à la presse.*

PRÉFACE

La question féministe, qui a toujours existé, mais que pendant des siècles l'homme a pu feindre d'ignorer, se pose, de nos jours, avec une franchise impérieuse. Impossible de la nier, ou de l'esquiver par l'ironie. Il ne s'agit plus de sentimentalisme, qu'on peut tourner en dérision. C'est un fait brutal, de l'ordre économique. Il pèse sur la société, de sa force implacable. M. Brieux jetait ces jours derniers, le cri d'alarme. A l'indifférence du public parisien il dénonçait le danger social que menace de devenir la Femme seule, — les deux millions de femmes seules, en France, victimes de la misère et de l'égoïsme masculin; et il prophétisait une guerre des sexes, qui déjà se prépare, dans tous les pays du monde, par suite de l'invasion, sur le marché du travail, de cette nouvelle armée de fourmis affamées, que traite en ennemies le prolétariat ouvrier.

Qui nous renseignera sur ce peuple féminin? Qui nous fera pénétrer dans ses rangs, nous permettra de lire dans ses aspirations? D'une façon générale, la pensée du peuple nous est mal connue; jusqu'à Charles-Louis-Philippe et à M. Pierre Hamp, il n'a guère été décrit, dans l'art français, que par des romanciers bourgeois, dont le talent et la probité d'observation n'ont réussi qu'imparfaitement à saisir un modèle, plus défiant et moins simple qu'on ne croit. Nous ignorons bien davantage encore le prolétariat féminin.

« Le travail, trop longtemps, écrit mademoiselle Bodève, a été comme une sorte de punition imposée aux pauvres, pour qu'il n'en reste pas en nous quelque préjugé. Aux yeux de beaucoup de gens, la femme condamnée à travailler pour vivre demeure encore une paria. On se permet tout avec elle; ou bien, on la plaint, si on a bon cœur. La respecter? Peu savent ce que c'est. » Et j'ajouterai : « La connaître? Personne ».

Les très rares élues qui, parmi les femmes
sorties du peuple ouvrier, sont devenues artistes, ont été aussitôt conquises par l'élite; elles
n'ont pu résister à la force de séduction de la
société qui leur faisait fête; elles se sont pliées
à ses formes de pensée, avec la souplesse ordinaire de la femme; et, en atteignant parfois à une étonnante virtuosité d'expression
artistique, elles ont perdu tout intérêt humain. Du peuple, d'où elles viennent, il ne
leur reste rien. On dirait qu'elles ont voulu
l'oublier, au plus vite; elles ont tourné la page
sur la sombre vie passée.

Tout autre est l'écrivain, dont nous avons
l'honneur de présenter l'ouvrage au public.
Mademoiselle Simone Bodève n'a jamais
rompu les liens qui l'attachent à la misérable
armée de Celles qui travaillent. Elle a com-
battu, dans leurs rangs; elle leur reste fidèle;
et, de tout ce qu'elle a vu, elle conserve et
reflète l'image, avec la précision d'un miroir
sans défaut. Que l'on n'attende pas d'elle les
effusions de pitié, ou les indignations révolu-
tionnaires de ceux qui peut-être aiment le
peuple et qui voudraient l'aider, mais qui ne
le connaissent pas et, quand ils parlent de
lui, ont l'air de chanter faux : car il leur est

*plus facile de s'exagérer la misère que de la
sentir avec vérité. La misère est un visage
familier à Simone Bodève; elle l'a vu de près.
Elle ne songe pas à s'indigner. Elle ne s'attendrit jamais. Elle ne s'étonne même point.
C'est ainsi : c'est ainsi; on n'y changera rien,
avec des déclamations de tribun, ou des larmes à la Diderot. Il s'agit de voir, de voir
exactement, et de dire ce qu'on voit. Après,
on avisera. — Je ne connais pas d'intelligence
de femme plus saine, plus lucide. Elle a le
bon sens français et le sens du réel; et elle
possède aussi cette vaillance naturelle des
braves gens de chez nous, qui ne se fait point
d'illusion sur ses ennemis, — ni sur ses amis,
et qui n'en garde pas moins son optimisme
intact et son énergie entière. Cette bravoure
se relève d'une pointe de calme ironie, qui
perce à jour les mensonges, les petites vanités,
et ses propres erreurs, — « cette gouaillerie
légère du peuple de Paris », qui le sauve de
toute amertume. De plus, elle appartient à
cette espèce nouvelle qui, depuis vingt à trente
ans, se forme parmi l'élite populaire et bourgeoise de toutes les grandes villes d'Europe, —
ces hommes et ces femmes, sur qui ne pèse
plus aucune superstition, laïque ou religieuse,*

et qui, sans violence, mettant à nu l'inanité des préjugés du passé (vertus et faiblesses mêlées), vont tranquillement leur chemin et préparent l'ordre nouveau, — ce que Simone Bodève, à la fin de son livre, appelle « le régime supérieur de la liberté ».

Mais l'œuvre ne vaut pas seulement par son exactitude et son indépendance; elle a, comme tous les livres de Simone Bodève, le don de double vue : vue des yeux, vue de l'âme. Cela aussi est un don bien français. Nulle race n'a jamais possédé une telle pénétration psychologique, et le goût naturel de l'exercer, depuis des siècles. C'est qu'elle est à la fois une grande race d'action et une grande rêveuse, qui ne se contente pas de vivre vigoureusement, pour son compte, mais qui, par curiosité, par esprit d'observation, par instinct sociable, par une sorte de cordialité amusée et apitoyée, se plaît à vivre, en pensée, la vie des autres. — Voyez, dans L'ouvrière à Paris, cette suite de jolis tableaux, d'une touche précise et preste : le départ de la maison, à l'aube, dans le métro; le déjeûner des midinettes; les ouvrières à l'atelier; la peinture si touchante et si juste du soir de la vie, de La vieillesse; et surtout, dans la seconde partie : L'employée de com-

merce à Paris, *la description des étiolées,* **Au**
bureau, *pauvres plantes ligotées, sans air*
et sans lumière. Que de caractères variés,
de types féminins intelligemment saisis ! C'est
d'abord celle sur qui repose le foyer tout en-
tier : la mère, toujours harassée, enragée
de travail, grondeuse, indulgente au fond —
(« elle en a tant vu » dans sa terrible vie de
labeur, sans jamais une éclaircie !) — un de
ces êtres, pour qui semble faite la parole
hindoue : « S'il n'existait des êtres patients,
à l'égal de la terre, le monde cesserait d'exis-
ter »! — La voici vieille maintenant, et de-
venue grand'mère ; n'ayant plus à peiner,
elle n'a plus de courage à rien ; elle a l'idée
fixe de la maladie menaçante, et ne veut pas
être à charge ; elle n'est plus à l'unisson des
pensées, des progrès du temps, elle essaie de
le cacher, et, ne trouvant plus personne à
qui se confier, elle radote interminablement
avec elle-même. — Voici encore l'admirable
portrait de la petite ouvrière, frivole et tra-
vailleuse, très sérieuse, « bien qu'on n'en
ait pas l'air », le plus souvent désintéres-
sée, un tantinet vaniteuse, avec ses folies,
ses déceptions, son besoin de s'attacher, sa
peur de la solitude plus que de la misère. —

PRÉFACE

Cette autre, c'est « Petite », l'enfant gâtée, dont les parents ouvriers veulent faire une employée : rêve naïf de grandeur, que la réalité se charge vite de dégonfler ; et c'est sa triste chasse à un emploi, l'odyssée de ses illusions et de ses déboires. — Plus pitoyable encore est la jeune bourgeoise déclassée, la fille instruite, timide, qu'on refuse partout, « parce qu'elle sait trop », honteuse de sa misère, terrifiée des démarches à faire, des humiliations à subir, sans armes dans le combat. — Et, le pire de tout : ces employées de grands magasins, que guette « la mise-à-pied », en temps de morte-saison, et qui s'espionnent les unes les autres, prêtes à se dénoncer, afin de détourner de soi le danger. — Tant d'autres : clients, patrons, ouvrières, — toute une galerie de portraits. Sans parler des remarques générales qui dépassent de beaucoup l'observation immédiate. Par exemple, sur la personnalité de la femme, ou sur l'antagonisme de la femme et de l'homme en amour. — Il ne faut pas une médiocre habileté pour animer de tant de vie un ouvrage de documentation pratique et précise sur le sort de l'ouvrière.

L'expression n'a pas toujours la parfaite

sûreté de la pensée. Le métier est inégal, comme c'est le fait de presque tous les artistes qui n'ont pas une âme de virtuose, et à qui il est plus aisé d'écrire quelquefois très bien quand la passion leur dicte, que d'écrire bien toujours. Le style de Mademoiselle Bodève, le plus souvent net et ferme, procédant d'ordinaire par périodes assez larges, curieusement coupées en petites phrases alertes, qui courent par petits pas précipités, comme les ouvrières qu'elles décrivent, — est quelquefois alourdi et gêné, et se sent des incorrections du parler familier. Il serait trop facile de relever certains défauts, que l'auteur saura peu à peu corriger, d'elle-même : ce serait le fait d'une critique myope et sans générosité, plus occupée d'établir sa supériorité que celle des œuvres qu'elle étudie. Il faut noter d'ailleurs que Mademoiselle Bodève, dont l'instruction a été presque exclusivement scientifique, sacrifie, dans ses livres, non sans excès parfois, la beauté à la vérité. C'est à celle-ci qu'elle réserve toute son ardeur d'amour et son culte passionné :

« Vérité, une et infinie, qui n'existes que pour qui te cherche et te dérobes à qui te tient... Toutes les âmes, celles qui te chérissent, celles qui te méconnaissent, sont nées pour ta grandeur; toutes pour toi ont souffert et dorment ou dormiront avec ta paix. Je n'ai pas su très bien juger de chacune, selon ta seule justice; mais je tiens de toi de l'avoir tenté avec piété et dans ton espérance ».

C'est par cette prière, d'une religieuse ferveur, que s'ouvre un des romans de Simone Bodève. L'objet de l'art, pour elle, est de refléter le réel, tout le réel, clairement, purement, sans inutile beauté. Elle aime à prendre pour devise le mot de Spinoza : « Est vraie toute chose adéquate à son objet. » Et c'est aussi la règle de son esthétique : « Est beau tout ce qui exprime exactement l'objet ». — Cette intrépide sincérité est trop rare chez une femme pour que nous ne l'admirions point.

Mais pour juger des fruits que cette loyauté d'esprit et cet amour du vrai ont pu produire, je voudrais que la lecture de ce petit ouvrage engageât à connaître l'œuvre capitale de Simone Bodève : La petite Lotte. Ici, l'on aura non plus l'analyse intelligente, mais la vision directe et tragique de la vie des ouvrières à Paris. C'est l'histoire d'une fillette du peuple, — une petite âme pure, fière, sauvage, qui, à

la suite de tristesses domestiques et d'une honte
atroce, dont elle est innocente, fuit la maison
paternelle, veut gagner seule sa vie, plonge au
fond de la misère, se débat au milieu d'autres infortunées, et disparaîtrait dans le gouffre, sans la rencontre d'une amitié qui devient un amour; mais toujours ravagée par
l'idée fixe de la honte passée (en partie ima-
ginaire), incapable de l'avouer à celui qu'elle
aime, et plus incapable encore, dans sa loyauté,
de la lui cacher, elle se tue, à la veille de son
mariage avec lui. Impossible de rendre, en
cette sèche analyse, la beauté frémissante de
cette âme de jeune fille, silencieuse, solitaire,
sensitive, constamment froissée, tendre, ai-
mante, constamment menacée, qui reste naïve
et pure, au milieu de quelle vie! et qui meurt
« pour rien », comme dit un personnage,
« parce qu'il y a la fausse pudeur, nos conventions, nos préjugés », parce que surtout elle a
cette admirable fierté des grandes âmes fémi-
nines, cette flamme aristocratique qui brûle
dans les cœurs les plus misérables et les plus
humiliés.

Et, plus encore que la petite héroïne, la
peinture du milieu où elle vit atteste la maî-
trise de l'artiste. Vaste tableau, impassible et

poignant. Il fourmille de personnages, tous
vrais, tous frappants. La première partie du
roman, (très supérieure à la seconde), est un
modèle de vérité sobre, d'originalité simple
dans la peinture des caractères, directement
évoqués, avec un don merveilleux du dialo-
gue. Pas un livre, en France, qui ait, jusqu'ici, fait vivre avec cette vérité le prolétariat féminin de Paris. Par l'acuité et l'am-
pleur de la vision, par la simple grandeur de
la vie simplement reflétée, j'ose dire que le
livre de Simone Bodève fait, dans ses meilleures pages, penser à Tolstoï. Ici, l'auteur
s'efface, ses défauts s'atténuent, et ses quali-
tés d'intelligence des âmes atteignent à une
puissance, dont je ne connais guère d'autre
exemple dans la littérature féminine : non,
pas même chez les plus illustres des femmes
de lettres anglaises ou scandinaves : une Eliot,
une Selma Lagerlöf.

Saluons avec joie ces hauts dons créateurs;
honorons un talent énergique, original, inégal, incomplet, un peu barbare, et qui, pour
grandir, doit être sévère avec lui-même, mais
où brûle la flamme de vie. Et que notre hom-
mage s'adresse — au-delà de l'auteur de La
petite Lotte, — à la petite Lotte elle-même qui

l'inspira, à Celles qui travaillent, au peuple de Paris, — « ce grand peuple murmurant, dont le travail use les yeux, les muscles, dévore la jeunesse, l'intelligence, le sang, la chair, courbe les dos, jamais les âmes ».

ROMAIN ROLLAND.

Janvier 1913.

Dans la Rue

Les rues sont désertes, les becs de gaz
éteints depuis peu. Une clarté blême, uni-
forme, tombe du ciel et s'insinue sous les
portes. D'un porche, un chiffonnier, péniblement, tire une poubelle dont il répand les
détritus sur le trottoir. Un marchand de
beurre et œufs, vêtu de bleu, rejette au mur
d'une main violente les volets de sa devan-
ture, ou gourmande quelque jeune fille, joues
et mains rouges, corsage noir et tablier blanc,
tenant gauchement à bout de bras son cro-
chet chargé de bouteilles à lait. La façade

d'un boulanger, pleinement illuminée, semble couleur de lune. Plus loin, pendue à la grille d'un passage, une lanterne éclaire, pitoyablement, les bols de porcelaine d'une marchande de soupe ou de chocolat, tantôt soufflant sur son feu, tantôt soufflant dans ses doigts; bavardant avec la chiffonnière, ou guettant les passantes pour deviner la cliente possible qui sera sûrement pressée.

Et elles arrivent vite, en effet, s'arrêtent une seconde, le plus souvent passent, ayant déjeuné chez elles, silhouettes minces et sombres, frappant du talon, visages renfrognés comme le ciel maussade. Elles se retrouvent côte à côte, sans se parler et sans se connaître, pour descendre l'escalier du « Métro », s'engouffrer, s'empiler à la file le long des rampes de fer, jeter les quatre sous de l'aller et retour, puis descendre encore et courir vers les boîtes de bois verni, emportées par ceux qui veulent monter, repoussées par ceux qui veulent descendre, se laissant soulever, entasser, étouffer presque.

Le matin, personne ne rit, ni ne plaisante. Telle se terre dans un coin et ronchonne à peine contre le chapeau aéroplane qui, à chaque mouvement de la petite tête qui le porte, lui râpe le visage. Telle autre fixe anxieusement les pointes menaçantes d'épingles transperçant un haut, étroit, bonnet de fausse fourrure. Tout le monde est morne; mais seulement parce qu'à Paris tout le monde est du soir, et se lève de mauvaise humeur, se ressaisit petit à petit, se tâte, se recueille, se tend comme avant une bataille, et s'examine d'un œil distrait, remarque celle-ci qui possède un manchon, cette autre qui par hasard est nu-tête, tandis que le convoi gronde, glisse, s'arrête, emporte d'autres assaillants, et repart, précipitant son allure au long des souterrains.

CELLES QUI TRAVAILLENT

C'est du Chatelet à la Concorde, de Réaumur à l'Opéra, de sept à neuf heures du matin, que les sorties du Métropolitain jettent sur le pavé le plus grand nombre de combattantes. Blondes ou brunes, grandes ou petites, minces ou replètes, rarement très grandes, rarement très fortes, elles émergent par paquets serrés et tout de suite se hâtent dans toutes les directions. Souvent charmantes et rarement très jolies, nul ne songe dès l'abord à retenir d'elles un détail, pas plus qu'on ne songe à différencier un moineau franc d'un autre moineau franc.

Celles qui dévalent au long des arcades de la rue de Rivoli, avenue de l'Opéra, rue de la Paix, rue Royale, appartiennent à la grande couture ou à la haute mode. Elles portent de petits souliers, des jupes étroites, de grands chapeaux plats ou des aigrettes pour transpercer les nuages; mais les souliers sont de carton, les étoffes manquent à la fois de souplesse et de consistance, les feutres sont gris, les velours montrent la trame, les grands manteaux ne sont que pour « la frime » et semblent faits de pelures d'ognon. A terre, c'est la boue, de tous côtés la poussière et les éclaboussures, les regards dédaigneux des concierges et des commerçants époussetant leurs vitrines ou refaisant leurs étalages, et les apostrophes des boueux mêlant leurs « hue-dia » au potin infernal des teuf-teuf et des véhicules déjà nombreux qui en tous sens se croisent. N'importe, il n'en est pas une qui ne s'imagine valoir au moins la cliente que son petit génie transforme, pare, habille; et croire, envers et contre tout, que toutes les possibilités sont en elle, est la première grande vertu d'une vraie fille de Paris.

Celles qui se précipitent par les rues plus étroites du Sentier ou du quartier Saint-Denis, le plus souvent sont brodeuses, plumassières ou fleuristes. Elles vivent de la mode, et ne créent point la mode : leur travail, leur saison, bonne ou mauvaise, dépend du caprice, des inspirations du grand'couturier ou de la grande modiste. Elles montrent le même souci d'élégance, plus raffinée que cossue, et réussissent moins bien : leur goût est moins sûr. C'est que les modèles sont plus éloignés, c'est aussi que, souvent, elles ne savent point coudre et que leurs vêtements sont de la « confection ».

Ici comme là-bas, vous reconnaîtrez les très intelligentes, les très raisonnables à ce qu'elles adoptent la couleur noire, et suivent la mode dans la mesure de leurs moyens, avec un rien indéfinissable de fantaisie qui les distingue de la femme se targuant d'être « comme il faut ». Vous reconnaîtrez les petites folles à l'inimitable incohérence de leur toilette.

Elles, et elles seules, peuvent tenter et réaliser l'harmonie d'éléments aussi disparates. Les plus enragées de coquetterie, celles chez qui le besoin d'élégance semble faire le plus de ravages, ce sont les modistes ; j'entends celles de la haute mode. Les raisons en sont simples : Elles coudoient le très grand luxe et souvent elles ne savent point coudre, alors que toute couturière, toute Parisienne même, sait confectionner un chapeau ; aussi, lorsqu'elles renoncent, vaincues, à toute prétention élégante trop onéreuse, leur chapeau demeure-t-il la note pimpante qui les console et les venge d'une modestie obligatoire, et révèle quand même aux indifférents leur grâce délicate et obstinée.

Il en est d'autres qui ne travaillent point forcément dans le « centre, »[1] mais qu'on ren-

1. Le centre du commerce parisien dont les principales artères rayonnent des deux côtés des grands boulevards de la]Porte Saint-Denis à la Madeleine.

1.

contre un peu partout, surtout dans le Marais, polisseuses, brunisseuses, cartonnières, blanchisseuses, mécaniciennes, typographes. Près de nos poupées, elles semblent de rudes femmes ; elles ne poudrent point ou rarement leur visage, mais enduisent leurs cheveux de pommade et nouent à leur cou des cravates de couleur. Volontiers vont-elles nu-tête et sortent-elles en « sarraus » dans les rues. A comparer leurs salaires, on voit que l'élégance est bien plutôt une question de milieu que de gain. La journée moyenne d'une couturière est de quatre à cinq francs : la modiste, presque toujours nourrie à déjeuner, peut gagner de cent à cent cinquante francs par mois ; mais la cartonnière, la blanchisseuse, la mécanicienne peuvent se faire quatre, cinq et six francs par jour.

Il y a les vieilles, auxquelles on ne fait guère attention. Si elles n'ont eu la chance

rare de se « caser. » quelque part,, leur déchéance les condamne aux « boîtes » et à tous
les aléas possibles. Les grandes maisons n'en
veulent point; elles ont moins de goût, de
docilité; surtout les loyers sont chers, le patron ne peut garder à l'établi une ouvrière
inhabile, le bénéfice qu'on prend sur elle n'est
pas assez grand pour couvrir sa part « de
frais généraux », loyer, lumière, etc. Dans
ce monde du luxe, ils sont énormes; malheur
donc à qui ne va pas vite, même s'il n'a plus
guère d'appétit ! Mais des « boîtes » qui les
acceptent en temps de presse, la morte-saison
les rejette aux aventures, les voue aux métiers
les plus divers, les plus faciles, dont le salaire
varie de vingt à cinquante sous par jour, où
on leur préfère encore de jeunes concurrentes,
celles qui, apprenties ici, apprenties ailleurs,
devant à la maison malgré leur jeunesse rap-
porter quelques sous, n'ont rien appris, qu'à
faire des courses. On se débrouille : pour faire

une houppe à poudre de riz, il suffit de bien
saisir un petit bout de peau de cygne ; pour
ériger une aigrette, on glisse quelques perles
sur un fil de soie ; un pétale collé sur un cœur
de coton, une fleurette sourit ; mais surtout
il faut aller vite, toujours plus vite, et on
« joute », et on gagne vingt sous, et on vit et
on veut vivre ! On pense à une mère ou à des
enfants, rarement à soi seule, tout en déjeunant de quelques lentilles nageant dans la
sauce au fond d'une gamelle. On brosse ses
bottines et ses jupes, et, si on est jeune, on
poudre son nez, avant de repartir à pied, la
journée faite. Les jours de détresse, on ne
prend plus le Métro.

Il en est encore qu'on peut rencontrer à
toutes les heures et qui appartiennent à la
grande légion des parias de l'aiguille, lingères,
confectionneuses, modistes en chambre, jeunes filles timides et effarées qu'une maman

craintive retient auprès d'elle et, si le ménage
n'est aisé, condamne au travail forcé et à l'é-
tiolement. Femmes aux yeux tristes, le teint
blafard, la bouche amère, n'ayant plus d'âge,
mises sans coquetterie, mais très propres,
debout sur les plate-formes des tramways,
près du lourd fardeau trop volumineux pour
qu'on le reçoive à l'intérieur, labeur de toute
une semaine, — huit francs, dix francs, douze
francs peut-être, — qu'il faut prendre à pleins
bras pour descendre parmi les voitures, les cris,
les appels, le bruit affolant pour toutes autres
que celles qu'a façonnées cette ambiance.

Pour les voir vivantes, heureuses, il faut
choisir l'heure de midi. De toutes les portes,
on sort et on court. Des « arpettes » en jupes
courtes assaillent la marchande de pommes
de terre frites ; ou, sérieuses, transportent des
assiettes pleines, aussi habiles à passer par la
foule qu'un chat à parcourir une tablette
d'étagère sans renverser de bibelots. Une va,

l'air décidé, l'écharpe rejetée sur l'épaule, un galon d'or à sa toque sombre et, les yeux gais, rit pour elle seule; les privilégiées qui peuvent « s'offrir » le restaurant déjeunent de quatre bouchées et d'un millier de paroles, puis se précipitent au magasin de nouveautés pour essayer des formes de chapeaux. On se bouscule au bar devant le café à deux sous. On reste à entendre les sornettes d'un camelot ou la complainte pleurnicharde d'un ténor de carrefour. Des effrontées, en sarrau bleu, nu-tête, mais faisant des effets de coiffures, parcourent la chaussée en se donnant le bras, s'interpellent tout haut, rient de la tête d'un passant, commis ou placier, de l'accoutrement de quelque vieille vaillante. On crie « haro » sur l'autobus brutal et tapageur qui peut-être prétend qu'on se range et prend la place à lui tout seul. On rit, on ne sait pas pourquoi; mais à tout à l'heure les affaires sérieuses! Le matin, on dort; le soir, on est en famille, tout le jour on travaille ; cette heure, cette heure unique est pour la faim, la joie, la liberté, l'air et le bruit.

Frivoles? — mais leur courage? Inconscientes? — mais leur volonté? Mobiles, insaisissables, à première vue déconcertantes. C'est que leur patrie est une atmosphère et leur devise, qui de la plus faible fait un être agissant et ne se rebutant pas : Tout avec rien.

A la Maison

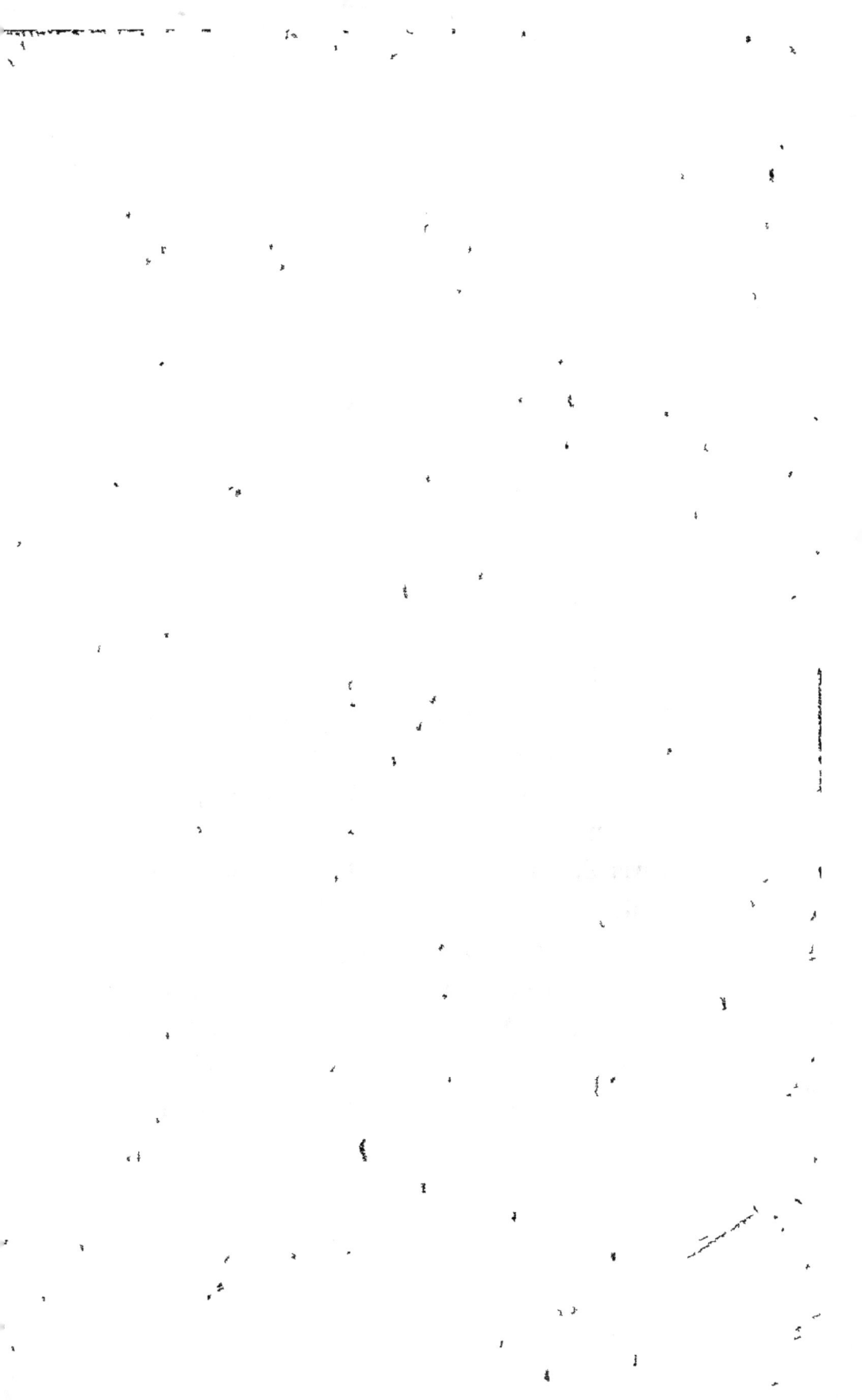

C'est vers six heures, six heures et demie, sept heures au plus tard que la mère, dans chaque ménage levée la première, doit réveiller ceux qui vont au travail. Au père, il faut sa soupe chaude, quelquefois aussi un verre de vin. Même s'il est bon, comme il travaille dur, surtout comme il rapporte le plus, il trouve naturel de se faire servir, laisse son eau dans la cuvette, sa serviette en tampon sur une chaise. Après lui, ce sera le tour de la grande, de celle que, dès la sortie de l'école, on a mise en apprentissage, puis le tour du frère, si elle en a un à peu près du même âge qu'elle.

Les enfants, eux, sont gâtés; ils ont du café au lait sans qu'ils en paraissent bien alléchés ou reconnaissants. On a de treize à quinze ans, on est en pleine crise de croissance, on sent grandement la fatigue et un immense besoin de dormir. Le lit est tiède, la chambre est froide. Tapi sous la couverture, on regarde, triste, la fenêtre blafarde et on se rendort en comptant machinalement les fleurs des gros rideaux de guipure. Il faut pour qu'on se lève quelques injonctions plus rudes. C'est trop bon de rêver, ou plutôt de ne penser à rien, d'échapper pour un temps à la lutte, aux ordres, aux réprimandes, à la peine de travailler désirée hier et qui vous déçoit; mais la mère revient, et prie, et s'emporte :

— « Allons, ma petite fille. — Te décideras-tu enfin ! »

Nous sommes loin, bien loin des sept pièces jugées nécessaires par Auguste Comte au logement de l'ouvrier. Souvent une chambre unique et une cuisine constituent le logement de trois ou quatre personnes, et cela se paye de deux cent cinquante à trois cents francs par an. Si le ménage compte un peu sur un enfant qui travaille, il peut disposer d'un logement de deux pièces dont le loyer annuel est de quatre cent cinquante à cinq cents francs. Il y aura la chambre où couchent les petits dans un lit-cage près du grand lit des parents, ou le long de l'armoire à glace d'acajou ou de noyer plaqué. Elle ne vaut pas cher, cette malheureuse armoire, elle est bien laide, bien incommode, mais une parisienne ne peut s'en passer. Il y aura la salle à manger, une table, un buffet à étagère, pas joli non plus, et les lits-cages des aînés. Tous ces lits se relèvent dans le jour. Un poêle flamand, à trois pieds, sert à la fois pour le chauffage et la cuisine.

Ce poêle n'est pas beau, mais il ne brûle guère que six ou huit sous de coke en dix ou douze heures, quand un feu de cheminée en mange pour quinze et vingt sous. Bien entendu, le pauvre ignore la flamme claire du bois et sa bonne senteur vivifiante de forêt humide.

C'est donc en ce lieu qu'on se lève et se dit sans allégresse qu'il faut recommencer la vie. Il faut aller et venir, prendre garde de ne pas réveiller ceux qui vont à l'école et ont droit encore à une heure de sommeil. Il faut sortir frissonnante pour brosser sur le palier jupons et chaussures. On se débarbouille à la cuisine, demi-vêtue à cause du frère qui attend qu'on lui abandonne cuvette et savon. Il n'y a pas de serviette pour chacun, on n'a pas son peigne à soi. Dans cette promiscuité intime et continuelle, extrêmement désagréable, le garçon prend souvent des nippes de fille, et la fille des effets de garçon, un vif

et précoce dégoût qui se traduit chez lui par
une sorte de pudibonderie blessante, et chez
elle par le mépris de ce « dégoûté » peu soi-
gneux et indélicat qui laisse volontiers traîner
son caleçon et ses chaussettes parce qu'il se
croit né pour être servi.

A la mère, il appartient de rappeler chacun
au respect de ses compagnons ; c'est à elle de
ne pas tolérer que les fils acceptent de se faire
servir comme le père qui, sans doute, y a plus
de droits qu'eux ; mais notons qu'il est bien
difficile de lutter contre l'exemple, et la mère,
trop souvent, se résigne, parce qu'elle est faible ou parce qu'elle est lasse. Il n'est pas de
tableau plus saisissant à ce point de vue que
celui d'une vie de ménagère telle que nous la
montre *L'Apprentie* de Gustave Geffroy. Toujours allant, brossant, rangeant, préparant
le dimanche les habits du père et des fils, ne
sortant point, n'ayant pas de robe à se mettre ;

condamnant au surplus les jeunes filles fraîches et pimpantes à demeurer à la fenêtre
pour regarder dans la rue. Elle est sublime,
la pauvre femme, et c'est le plus souvent l'opinion de ses enfants eux-mêmes, lorsqu'ils sont
encore assez jeunes pour être généreux « Aider leur mère » devient leur ambition passionnée, le ressort secret d'héroïques petits
courages. Pour qu'ils ne tournent point à la
révolte, pour que leurs jeunes cœurs ne s'aigrissent point devant l'inutilité des efforts, il
faut à la mère une autre vertu, la gaîté, la
foi convaincante dans l'excellence des résul-
tats.

Cette vertu pour la ménagère est de toutes
la plus difficile. Si nous considérons un ménage aisé où le chef de famille apporte quarante francs par semaine, ce qui suppose
un gain de sept francs par jour (en admettant qu'il ne conserve pour lui qu'une pièce

de quarante sous), nous devons déjà retirer dix francs pour le loyer, deux francs à deux francs cinquante pour le chauffage, soixante centimes pour le pétrole, il ne reste plus que vingt-sept francs. S'il y a deux aînés en apprentissage et s'ils apportent chacun dix sous par jour, cela ramène à trente-trois francs le budget de la ménagère. Le père prélèvera un franc cinquante pour le déjeuner de midi, soit neuf francs, il ne reste plus que vingt-quatre francs. Trois personnes allant dans le centre, cela fait soixante centimes pour le métropolitain. Quelques sous le samedi aux enfants qui travaillent, il reste vingt francs.

Or, un litre de lait coûte trente centimes : les deux aînés le matin et les petits, deux, plus peut-être, auront vite fait de le boire. Un pain de quatre livres coûte au moins soixante-dix centimes. Voici donc, de nouveau, pour sept jours, sept francs partis. Au père, il faut du

vin, le matin, et pour le repas du soir ; la mère
et les enfants n'en boivent guère : mettons un
litre de cinquante centimes, soit trois francs
cinquante par semaine ; maintenant, il reste
neuf francs cinquante. Le père aussi, le soir,
a besoin d'un peu de viande, les aînés qui travaillent doivent être mieux nourris : d'où la
nécessité, au moins une fois par jour, de faire
un bon plat qui reviendra bien à seize ou dix-
huit sous et dont les restes serviront pour la
mère et les enfants au déjeuner du lendemain.

Dix-huit sous, mais cela fait six francs pour
la semaine ! et il serait vain de continuer cette
addition pénible, nous ne possédons plus que
trois francs cinquante pour mettre du beurre
dans la soupe, parer à l'imprévu, acheter du
linge, acheter des habits.

On imagine avec quelle hâte dans ce ménage, on attend la fin de l'hiver ; comme on
s'émeut de l'usure d'un costume, de la fati-

gue d'une paire de souliers! Quelle terreur
inspire la maladie, quelle catastrophe repré-
sente le chômage, et c'est à la mère toujours de
se priver, au moindre accident qui s'en vient
détruire ce pauvre équilibre. Souvent, en plus
du ménage, elle fait la lessive, coule le linge
à la maison; alors la vapeur monte, emplit
les pièces, les vitres ruissellent, le papier des
murs se décolle, et la femme seule, enfermée,
suffoque dans cette atmosphère; elle porte au
lavoir ce linge lourd et humide pour le battre
et le rincer; l'ouvrier — il convient de le
dire en passant — n'a pas l'eau à discrétion;
il lui faut aller la chercher broc par broc sur
le palier, quelquefois même descendre des éta-
ges. Et ce linge reviendra encore mouillé à
la maison, séchera sur des cordes, étendu au-
dessus des lits, la nuit quand on dort.

Devons-nous penser que le père a trop de
trente sous pour déjeuner? Mais un plat de

viande coûte au moins cinquante centimes
dans le moindre restaurant et ne suffit pas à
rassasier, l'appétit normal d'un homme; un
plat de légumes vaut vingt centimes, un fro-
mage vingt centimes, un « demi-setier » vingt
centimes; deux sous de pain, et il reste trente
centimes pour boire un verre et casser la
croûte à quatre heures. Il est des ouvriers
qui s'efforcent de venir déjeuner à la maison
quand ils travaillent assez près, quand ils ont
le temps; mais généralement pour déjeuner
l'ouvrier n'a qu'une heure. Il en est d'autres
qui consentent à transporter le déjeuner en un
paquet; mais il en'est surtout qui ne gagnent
que cinq ou six francs par jour, quatre francs
même, cela existe! On voit comment leur
femme, cette femme si chargée de besogne
déjà, aura le désir de travailler : la tentation
est trop forte.

Tout cela sans doute, c'est en attendant que
les enfants grandissent. Mais leurs exigences

augmentent avec leurs salaires ; cette petite fille en robe courte dont les cheveux non « accoutumés » ont peine à tenir en chignon, doit avoir un chapeau comme ses camarades. Voici qu'elle rêve, pour les mettre au moins de temps en temps, d'une paire de jolies bottines, d'un jabot de dentelle ; elle glisse au désir de posséder ces mille bibelots chers et charmants que d'autres possèdent, que partout, à son envie, à sa jeunesse, les étalages proposent. La pauvre maman exténuée, minée par le continuel souci « d'arriver, » devant ces juvéniles impatiences se souviendra-t-elle d'avoir été jeune ? Résistera-t-elle, à la fois tenace et conciliante, à l'assaut de tant de désirs impérieux, irrésistibles, qui montent et réclament, nient ce qui est désagréable et n'acceptent point l'impossible ?

De la mère dépendent le bien et le mal, le présent et l'avenir. Si son enfance fut rude, condamnée à quelque labeur grossier, si, animée d'une tendre sollicitude, elle a poussé sa fille vers un métier plus agréable, tout en restant d'esprit médiocre ou à jamais replié par les difficultés de débuts trop arides, elle se cabrera devant les étranges vouloirs, restera pincée devant les besoins nouveaux de délicatesse de la « mijaurée » en contact avec un milieu plus brillant; et bientot, au foyer, il y aura deux rivales qui ne sauront plus que se faire souffrir. Pour que la mère et la fille puissent se sentir des alliées, prêtes à s'entr'aider, il faut que la mère en son temps au grand soleil de l'espoir ait aussi quelque peu grillé ses ailes; que devant sa jeunesse renaissante, elle puisse se dire « J'ai vécu »; et se le répéter est peut-être encore meilleur que de vivre.

Elles ne sont pas rares, les femmes du peuple qui portent ce cœur dans leur poitrine. Le hasard seul les a guidées vers leur compagnon d'existence et la passion les a jetés l'un à l'autre dans un de ces élans qu'ils ont pu re-

gretter mais qui les a liés d'une chaîne solide
de souvenirs inoubliables. Dans ces ménages,
qu'il faut qualifier de ménages heureux, la
puissance paternelle est nulle ; la grande vertu
exigée du maître, c'est la bonté. Que peut-il
faire, toujours absent ? Harassé de fatigue,
quand il rentre le soir, que demande-t-il ?
Que la ménagère soit contente et s'arrange
toujours pour faire face à tout avec le peu
dont elle dispose.

Et la tolérance lui est difficile. Il ne peut
sans amertume supporter que près de lui on
discute de fanfreluches. Qu'est-ce en effet que
toutes ces agitations de belles dames à côté
de celles du combat pour l'existence de plusieurs ? Et ces exigences de certaines clientes ?
Et ces propos que rapporte la jeune fille révé-
lant aux siens l'existence d'un monde de pri-
vilégiés aussi parfaitement ignorants de tout
devoir que de toute misère ? Le père s'irrite
contre ces gens. Il ne saisit pas toujours que

cette fièvre de l'enfant à parler de ce qu'elle fait signifie aussi qu'elle aime son travail. Tous ces petits aliments dont se repait naïvement le cœur d'une mère : la joie d'un bébé, le rêve d'une jeune fille, ne lui sont guère accessibles ; et s'il s'attarde un soir au comptoir de zinc pour un peu de tumulte, d'éclat et de bruit, pour que plus longtemps chantent en sa tête des paroles comme celles-ci :

« Il est venu le temps où l'ère positive va s'ouvrir, où l'on ne nous nourrira plus de superstitions, citoyens et citoyennes, mais de bon pain, de bonnes côtelettes et de bonne soupe ». [1]

Les enfants volontiers deviennent des juges, tandis que la mère grondeuse demeure quand même une amie, l'amie indulgente dont l'amour a, sur ses travers, tissé patiemment un voile d'illusions nécessaires et tenaces ; la mère qui seule, dans sa maison, travaillant près de la fenêtre, tandis que dans un angle,

1. *Le Bilatéral.* J. H. Rosny.

captif sous le poussier, un pauvre feu sommeille. porte sur les siens aux égoïsmes divers le jugement secret d'une pitié qui refuse de se souvenir du mal, parce qu'elle sait que tous les grands rêves s'évanouissent, mais que la faim est toujours là.

Le peuple, le pauvre vrai peuple obscur et laborieux. n'a séduit encore qu'un très petit nombre d'écrivains. Ne comptant que sur lui-même, il vit chez lui, pour lui, méfiant et réfractaire à toute expansion. Peu ont parlé de lui avec cette émotion navrante qui étreint le lecteur de *L'Apprentie*, avec cette horreur vengeresse qui sort de *L'Assommoir* et montre comment pour ces êtres à la fois crédules, sensibles et forts, le naufrage est facile. D'autres se sont attachés avec un art poignant à peindre les misères et les luttes de délicates et jolies filles; mais sont-elles du peuple? On s'attriste de ne point voir en elles cette vertu. cependant si « peuple », parisienne. fran

çaise, humaine, que chacun, que chacune doit
avoir : la fierté de ses affections et de ses ori-
gines. Inconscientes et sans regret, elles paraissent un peu « passées à l'ennemi », ga-
gnées à l'opinion méprisante des « riches »; et
c'est une joie de retrouver dans *Le Petit Bat-
tant* d'Edouard Droz, par exemple, des types
populaires, vivants, peints par un auteur qui
les aime ; et ce langage imagé, vigoureux,
cette gouaillerie légère des gens du peuple. Du
peuple de Paris, mais du peuple de Franche-
Comté aussi, puisque les héros d'Edouard Droz
sont de Besançon, du peuple de Lyon, de Bor-
deaux, de Marseille, de toutes nos grandes villes, qu'on se sent avide de connaître, du grand
peuple libre que n'a cessé de nous révéler
notre histoire, ce peuple, « toujours murmurant [1] » dont le travail use les yeux, les muscles, dévore la jeunesse, l'intelligence, le sang
et la chair, courbe les dos et jamais les âmes.

1. Victor Hugo.

L'Enfant

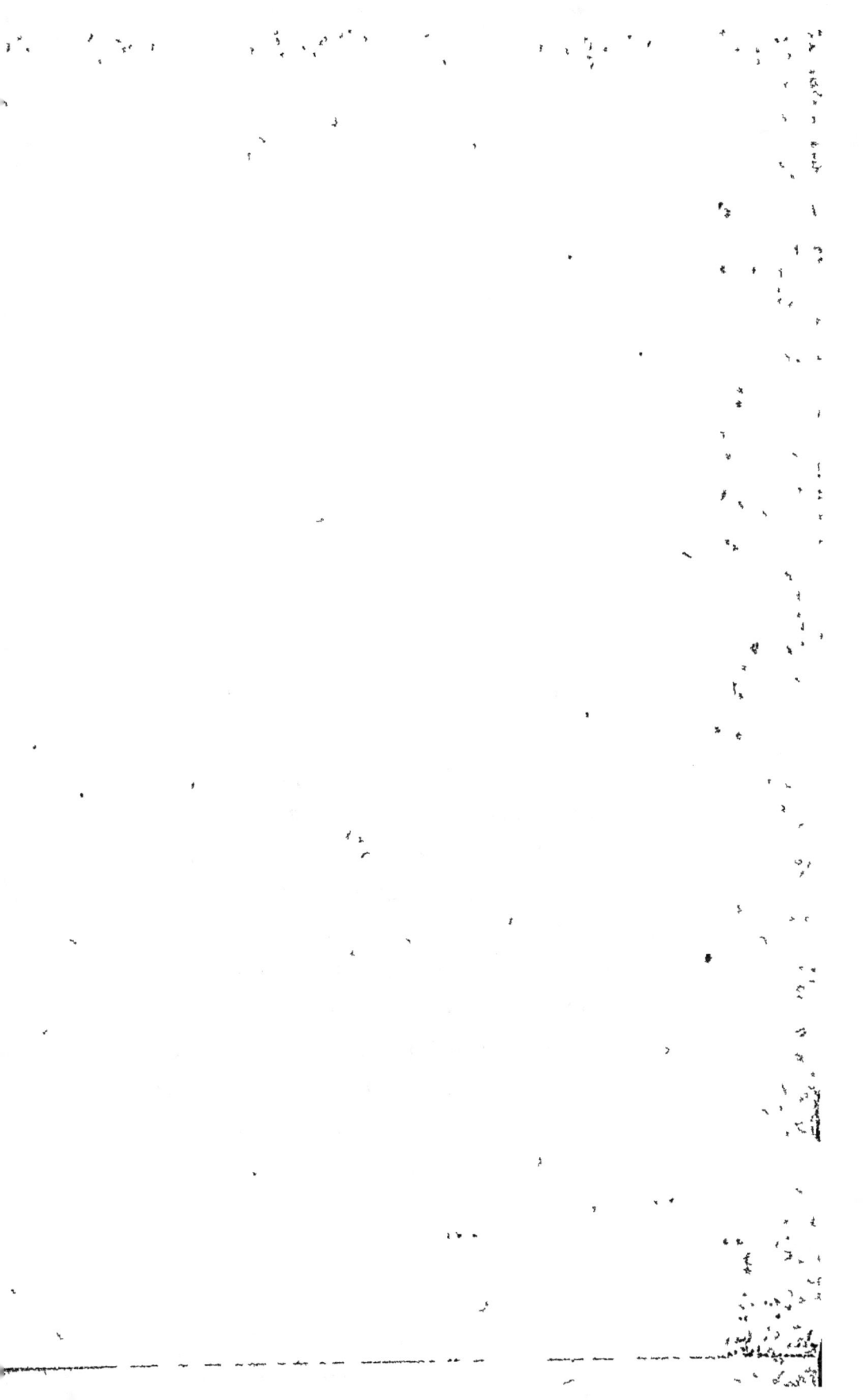

Dans les rues de la capitale, on ne rencontre pas que des grandes personnes ; vers Montmartre ou Belleville, ou par ces rues étroites, si pittoresques et curieuses, qui avoisinent l'Hôtel de Ville et le Panthéon ; sur les larges trottoirs des avenues lointaines, le long des « fortifs », des enfants errent ou s'amusent. Ils courent, crient, se bousculent, gambadent autour d'un jeune, encore « trotte-menu », semblable à un petit château branlant. Ils ne disposent point d'un vocabulaire choisi ; dame, c'est qu'on retient toujours ce

— 37 —

3

qui est défendu ; les enfants de toutes classes ont toujours fait de même. Volontiers l'un à l'autre raconte que la concierge ferait mieux au désert, que le père, lorsqu'il a bu, n'est plus un bon « zigue » et se fâche si on a l'air de trouver qu'il radote. La chaussée est-elle d'asphalte lisse, on patine avec fureur ; tout le monde ne peut pas s'offrir le Palais de Glace, et on rabroue les timides : « Vieux, t'es rien pas à la coule! » Le trottoir est-il en pente, vite quatre planches sur quatre roulettes, et c'est une automobile dévalant à grand fracas, emportant son petit chauffeur assis à cropetons. Pour que la fête soit complète, au coin d'une boutique, voltige une pancarte aux grosses lettres mal venues : *Tournant dangereux*. Le moindre accident est une catastrophe ; ce n'est pas qu'on plaigne ses coudes ou ses genoux, mais on se lamente sur le véhicule : c'est tellement fragile, ces machines de précision, et on n'est guère riche en matériaux et en outils : bouts de bois, cerceaux de futailles, morceaux de ficelle, clous rouillés, fil de fer, on ramasse tout, car tout est utile. Le plus hardi guette les passantes, cherchant à deviner celle qui écoutera, et la poursuit en réclamant : « Pstt ! Madame, vous ne voudriez pas me donner une épingle à cheveux ? » Qu'en fera-t-il ? Une vrille, une pince, peut-être même un serre-écrou. Un gamin, un hardi gamin, fier et droit comme un brin d'herbe sortant entre les pierres, a tellement d'imagination !

Ces enfants sont du peuple, ils sont peu timides, peu soucieux de leur habillement et de l'effet qu'ils produisent, peu respectueux des gens bien mis ; mais leur franche et naturelle gaîté réjouit le cœur de ceux qui passent. On aimerait leur donner plus de place et aussi, sans doute, une bonne ou un maître pour surveiller discrètement leurs ébats ; mais ils n'ont que de pauvres mères qui tra-

vaillent ; des mères qui n'ont point la triste
sévérité de les enfermer avec elles dans leur
logement exigu. Comment y jouer d'ailleurs,
et qu'y ferait-on ? Des bateaux do papier, mais
il n'est de vrais navires que ceux qui vont sur
l'eau. Courir ? la chambre est petite, on a
beau se lancer autour de la table, on n'arrive
pas à perdre haleine. On se rattrape tout de
suite, on tombe, on se dispute. Si on tape des
pieds, les voisins se plaignent ; si on crie, la
concierge menace ; mais quand on est jeune,
on veut vivre, l'ennui est un intolérable mal!
on ne peut pas, absolument pas, se tenir im-
mobile, et maman s'énerve.

Maman s'énerve, parce que, ils le savent
bien ces petits diables, elle a besoin de travailler. Supposons qu'elle sache coudre. Déjà
elle raccommodera tous les vêtements des
siens ; elle fera ses robes (et par robes j'entends ses jupes et caracos) et les habits des
plus jeunes ; mais elle s'efforcera, en outre,

de gagner quelques sous pour payer le terme,
sur l'argent duquel on a pris parce qu'on
était trop serré ; parce que le père, las de tri-
mer sans cesse, inutilement, comme une
bourrique, sans espoir, sans horizon, se lasse
et, de plus en plus, écorne sa paye chaque
semaine. Il n'a plus de travail peut-être, et
en cherche sans en trouver ; ainsi, comme il
le dit, le moment est venu de « se mettre
la ceinture » : mais des appétits de jeunes
gars et de jeunes gamines, ça ne se laisse pas
« ceinturer » sans peine ; aussi la maman tire
l'aiguille. Une chemise de femme faite à la
machine est payée cinq sous ; pour la faire,
il lui faut une heure ; un pantalon d'homme
à finir est payé six ou huit sous, et elle en a
pour trois heures. Festonne-t-elle des gilets
de flanelle, c'est payé trois sous, et on use
pour deux sous de coton [1]. Il faut donc travailler et travailler vite ; le temps ici n'est

1. Voir l'*Ouvrière à domicile*, de l'Abbé Meny.

pas de l'argent, mais seulement des sous ; des
sous, c'est du pain. Aussi, il arrive qu'on né-
glige son ménage et sa toilette, qu'on déjeune à peine, qu'on laisse aux enfants une
liberté entière. Vaudrait-il mieux les retenir
dans un endroit, où tout laisse également à
désirer ? [1]

Certaines femmes ne savent point coudre et
les métiers qu'elles peuvent exercer chez elles
rapportent moins encore. Un curieux métier,
relativement bon, est celui de raccommodeuse
de sacs ; il rapporte de trente à trente-cinq
sous par jour ; mais à côté de celui-ci qui demande un peu d'idée, — il ne s'agit pas de
mettre une pièce de lin à un sac de chanvre,
ou de mal finir les coins ; et c'est très difficile
à faire, « un coin » ; n'importe qui ne peut
donc s'improviser raccommodeuse de sac —

1. Voir l'*Ouvrière en France*, de Caroline Milhaud, et
dans *Camille Frison* d'André Vernières le chapitre si
justement intitulé : l'Enfer du travail à domicile.

combien d'autres métiers, innombrables, qui permettent juste de gagner douze à vingt sous par journée de douze heures !

Le travail à domicile d'ailleurs, même lorsqu'il exige des connaissances spéciales, est généralement mal payé. En réfléchissant, on voit qu'il doit en être ainsi. Dans la lingerie, dans la confection, la province (les Vosges, Issoudun), les couvents, les prisons, font une concurrence active aux ouvrières de Paris. De nombreux magasins vantent sur leurs prospectus leur linge uniquement « sorti » de leurs ateliers des « départements ». Pour les métiers de mode, le patron, dans les petites maisons et aussi dans les grandes, garde à l'atelier le travail soigné et donne le reste au dehors; il s'en remet à une entrepreneuse, seule responsable vis-à-vis de lui, et qui doit encore prélever ses frais, dérangements et bénéfices sur le salaire qui lui est alloué, avant de payer enfin les ouvrières qu'elle emploie. Certains magasins mettent leurs fournitures en « adjudication », tout comme la Ville de Paris. Les fournisseurs soumettent des prix à forfait, et la fourniture entière est donnée à celui qui demande le prix le plus bas. Ce travail, broderie, dentelle, couvertures, chapeaux, le patron de préférence le donne aux ouvrières « du dehors », afin de le payer moins cher et de se rattraper quelque peu.

Quel remède à tout cela ? On a proposé (Mademoiselle Caroline Milhaud, les Ligues d'acheteurs, d'autres encore...) une loi de minimum de salaire; et on voit de suite quelles seraient les difficultés de son application pour le travail à domicile. Comment réglementer la journée de travail qui peut être, à la volonté de l'ouvrière, de deux, quatre, huit, douze, quinze ou dix-huit heures ? Il faut donc pour chaque travail demander à des professionnelles d'établir un prix de base; et les femmes pratiquent une infinité de métiers. Dans certains cas, ce prix de base devrait être double, au moins, du prix actuellement payé, pour la lingerie par exemple. Or, ce n'est pas pour son plaisir que le patron donne du travail à domicile, c'est parce qu'il le paye moins cher; et si bas que soit le prix de la main-d'œuvre, le patron trouve, beaucoup plus qu'il n'en désire, des ouvrières préférant travailler chez elles pour des raisons bien visibles. De nombreuses femmes dont les maris gagnent de sept à huit francs par jour sont bien aises néanmoins de se faire une pièce de cent sous dans la semaine; c'est cent sous trouvés pour payer de menus frais, et nous avons vu qu'une famille à Paris ne pouvait guère s'offrir de loisirs avec sept à huit francs par jour. Cette loi du minimum de salaire, appliquée au travail à domicile, aurait pour ennemies les ouvrières elles-mêmes, auxquelles elle ferait perdre leur tra-

3.

vail que les patrons donneraient de plus en plus en province, ou, à salaire égal, à l'atelier sous leur surveillance.

Il y a plus encore. Qui donc achète les vêtements confectionnés? Les classes moyennes et pauvres ; augmenter le salaire, c'est augmenter le prix de vente. Augmenter le prix de vente, ce n'est pas possible : d'une part, il y a la concurrence étrangère ; d'autre part, ce serait refroidir le zèle des acheteurs que le bon marché attire. Il faut donc ici évaluer le bénéfice du patron et l'obliger à le réduire ; comme c'est difficile et compliqué!

Remarquons que c'est surtout pendant la jeunesse des enfants que la mère désire travailler ; et, dans ces ménages où le gain de la mère apporte un peu, un tout petit peu d'aisance, on est moins pressé de voir les enfants gagner à leur tour ; on est plus disposé à faire le sacrifice d'un long apprentissage ou de l'envoi à l'Ecole professionnelle.

Il reste les miséreuses, les femmes d'ivrognes, les femmes seules, celles dont le gain doit suffire pour toute la maisonnée; et que faire pour elles? Mademoiselle Milhaud, dont j'ai déjà cité le livre *L'ouvrière en France*, quoique partisan de la loi du minimum de salaire appliquée au travail à domicile, voudrait néanmoins qu'aucun travail ne pût être remis à domicile que « sur la production d'un certificat délivré par l'inspecteur du travail et constatant l'installation satisfaisante au point de vue hygiénique de l'atelier à domicile en question ». Hélas! c'est retirer à la plupart le droit de travailler chez elles. Combien de malheureuses femmes pourraient donc obtenir ce certificat? Est-ce un atelier installé dans des conditions satisfaisantes que la pièce unique servant à la fois de chambre à coucher, de salle à manger, de cuisine, de séchoir? Et si des petits restent auprès de la mère? Si cette pièce, comme il arrive, est une

mansarde recevant l'air et le jour d'une tabatière ne s'ouvrant qu'à moitié sur le toit? Si
la fenêtre donne sur une cour, une de ces
cours étroites où le concierge range la poubelle, où chacun bat ses tapis, brosse les vêtements et souvent même fait carder des ma-
telas?

On est tenté de penser, dans l'état actuel
des choses, qu'une loi de « maximum des
loyers » devient nécessaire dans nos grandes cités où l'on peut manquer de pain sans
que le logement cesse de rester obligatoire,
puisque le vagabondage est un délit [1]. La Ville
de Paris, pour faire des voies plus saines et
plus droites, exproprie des pâtés de maisons
où de pauvres gens trouvaient asile, et le plus
souvent un bien triste asile; mais on recons-
truit des maisons luxueuses, et les pauvres où
vont-ils? Plus loin; et plus loin les loyers augmentent à mesure qu'ils arrivent, et ce sont

1. Voir la *Question du vagabondage*, par F. Dublef.

des frais de transport; mais les loyers augmentent partout où se créent des moyens de
transport! Ils ont augmenté d'une façon considérable sur tout le parcours des lignes du
Métropolitain. Dans le quartier de Bel-Air,
par exemple, des chambres autrefois payées
deux cents francs ont été mises à deux
cent quarante. Une chambre avec cuisine
vaut trois cents francs; on y a l'eau et le
gaz, mais il s'agit de pièces mesurant de
douze à seize mètres carrés, n'ayant qu'une
seule fenêtre et le plus souvent donnant sur
des cours; le plus souvent, aussi, la cuisine est sombre. N'importe, une femme travaillant chez elle, gagnant un salaire de
quinze ou dix-huit francs par semaine, et
ayant à nourrir un ou deux enfants, ne peut
pas, sur sa semaine, prendre cinq ou six
francs pour loger dans des palais comme
ceux-là!

Et si la femme pratique un métier toujours

malsain dans d'étroits espaces : si elle est
monteuse d'oiseaux ? Dans ces oiseaux auxquels il s'agit de rendre l'apparence de la vie,
— comme la petite Désirée Delobelle d'Al-
phonse Daudet y est si joliment adroite —,
dans ces cadavres, il reste de la chair, des
mites; pour fixer les pauvres belles plumes,
il faut une lampe, de l'huile, de la colle forte;
ça ne sent pas bon. Et si la femme encore est
repasseuse de neuf, travaillant été comme
hiver près de son poêle chauffé au rouge?

Ces malheureuses, on aspire à les voir s'é-
vader vers l'atelier, vers la liberté, vers la
lumière, vers la vie en commun. Là l'hygiène
est possible, c'est l'affaire des pouvoirs pu-
blics, nous avons des lois, ils doivent s'en servir; et à l'atelier la loi du minimum de salaire
serait applicable, la journée est fixe; si infime
que soit le métier qu'elle pratique, la travail-
leuse a droit au pain, au sommeil; son travail
doit au moins les lui assurer, et il n'est pas

nécessaire d'entrer dans des discussions professionnelles auxquelles patrons et ouvrières demeureront toujours également rebelles.

S'il est vrai enfin que l'union fait la force dans toute collectivité, s'il est nécessaire, et cela apparait fort probable, que les femmes pour obtenir justice soient, tout comme les hommes, après les hommes, obligées de se « syndiquer », disons qu'il est bien plus facile de grouper des êtres déjà réunis, que la vie en commun oblige à l'apprentissage de cette solidarité qu'ils ignorent, qu'ignorent toujours ceux que leur isolement et leur extrême misère condamnent à se concurrencer les uns les autres ; et déjà un abîme sépare l'ouvrière « d'atelier » de la pauvre ilote ne sentant même plus le désir d'échapper à l'enserrement de ses quatre murs.

Il est juste de reconnaître qu'à l'atelier aussi on peut prendre d'autres habitudes dont aura à souffrir la famille. Déjeunant avec des compagnes, la femme se sent plus d'appétit et se prive moins facilement; mais on peut croire que l'amour de l'enfant, sauf exception assez rare, suffit à retenir la mère sur une pente que l'homme, entraîné par des camarades, descend trop aisément. La coquetterie exerce ses ravages surtout chez les jeunes filles; mais la femme très tôt tombe au rang de créature sans forme et sans âge, et s'en accommode. Plaire à l'homme qu'elle aime, ne lui dit même rien. Dans cette promiscuité où tous doivent vivre, les démonstrations amoureuses sont gênantes, presque impossibles; l'homme n'en souffre pas; mais la femme les regrette, renonce à tout en renonçant à elles, et voit en toute menace de maternité l'assurance d'un surcroît de misère.

Les petits qui existent, qui pleurent et réclament et n'ont pas demandé à venir, voilà le grand souci, l'absorbant souci d'une pauvre femme du peuple; et sont-ils plus malheuroux parce qu'elle déserte, poussée par la faim, poussée par l'amour?

Levés. le matin en même temps que la mère, habillés par elle, conduits à l'école, ils peuvent déjeuner à la cantine : que nos écoles aient donc de suffisants jardins. Nous avons déjà les écoles du jeudi, et aussi des écoles de garde ; seulement elles ferment à six heures quand la journée de travail n'est guère terminée qu'à sept et huit heures du soir ; de six à sept, de six à huit, par les soirs d'hiver, les rues enfiévrées, petit enfant, fais ce que veux, advienne que pourra ; mais n'est-ce pas surtout notre organisation qui est coupable? Et n'est-elle pas bonne mère, cette femme levée dès l'aube, veillant à la toilette, au déjeuner des siens, captive tout le jour, se pressant de rentrer le soir, ravaudant une partie de la nuit, rangeant le dimanche, n'ayant jamais, jamais le loisir de penser à elle? Elle fait songer à ces paroles d'un dieu hindou :

CELLES QUI TRAVAILLENT

« S'il n'existait des êtres patients à l'égal de la terre, le monde cesserait d'exister. »

— Et vraiment, qu'elle se dérobe à son oppressant devoir, il n'y a plus de liens, de soins, de sécurité pour aucun membre de la famille ; si, de plus en plus en contact avec l'extérieur, comparant son existence à celle des privilégiées de la vie, elle prend conscience de la formidable injustice de son sort, comment la blâmer ? Qui la protège ? Depuis la loi du libre salaire seulement (juillet 1907), la femme mariée a droit au fruit de son travail. Autrefois, partout où l'affection de son compagnon ne l'élevait pas bénévolement à son rang d'épouse, de mère, d'organisatrice, elle n'était et ne pouvait être qu'une bête de somme travaillant pour un maître. Aujourd'hui, maîtresse de son gain, de ce gain souvent si minime, elle n'est plus asservie que par sa misère et voit dans le travail l'instrument certain d'une libération définitive. La famille « bloc » ne laissant à aucun de ses membres la liberté d'élever la voix pour réclamer son dû, peut y perdre ; mais la famille rêvée par nos consciences modernes éprises de plus de confiance, de tendresse, de douceur et de justice, gagne chaque jour à cette lutte lente et douloureuse qui met un peu de force réelle au service du grand pouvoir moral de la mère et lui permet de défendre les siens contre les conséquences affreuses du chômage et de l'ivrognerie.

L'Isolée

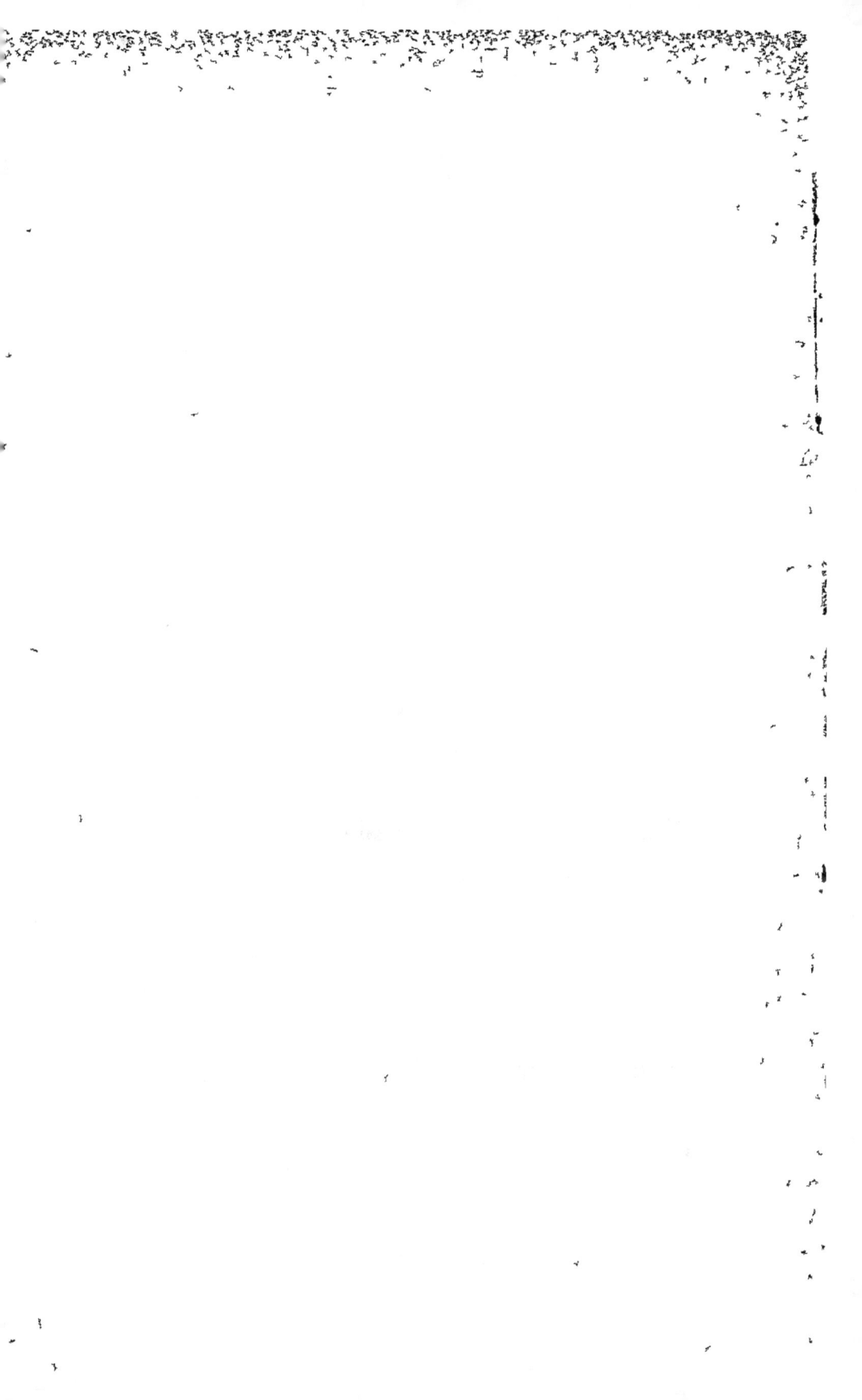

Notre atelier, le plus souvent aujourd'hui, est une grande pièce blanche ; et deux ou trois fenêtres l'éclairent ; mais nos jeunes filles sont curieuses : aussi a-t-il fallu dépolir les carreaux inférieurs. Il s'agit ici d'oublier un peu la rue que l'on quitte. Devant chaque fenêtre, de longues tables s'étendent parallèlement, et, sur la cheminée, encombrée de boîtes et de bobines, on a une glace dans laquelle on peut au moins juger de l'ensemble de son buste. Des chaises de paille, un poêle, calorifère ou salamandre, ou un radiateur,

s'il y a le chauffage central, complètent l'a-
meublement. Dans certains métiers, fleuristes, plumassières, on tolère que les ouvrières
mangent à l'atelier. Dans la couture et la
mode ce n'est pas possible à cause des acci-
dents qui peuvent survenir. Partout, d'ailleurs, on aime mieux aller au dehors, car on
a besoin de rires et de mouvement.

Un atelier moyen à Paris comprend de dix
à quinze ouvrières, et ce nombre varie forcément suivant qu'on est en bonne ou en morte-
saison. La plupart sont des jeunes filles, parmi
lesquelles quelques-unes souvent peuvent se
dire apprenties de la maison ; à ce titre elles
sont plus considérées que les autres. Cet atelier qu'elles ont longtemps balayé, dont elles
ont rangé les tables, occupé toutes les places,
est un peu pour elles un autre « chez elles ».
Ici, elles ont commencé, craintives, avec la
terreur du renvoi ; elles ont fait des courses
— beaucoup — pour les besoins du travail,

et aussi pour ces demoiselles, Secondes et
Premières, autoritaires et désinvoltes, pas
méchantes, mais commandant comme on leur
a commandé. Elles ont appris de leurs premières compagnes l'effrayant besoin d'être
coquettes, en comparant leurs toilettes, et
surtout leurs chapeaux, ces fameux chapeaux
pour lesquels on va dix fois au magasin avant
de se décider pour une forme. C'est qu'on
transformera à son gré la garniture, l'apla-
tira, l'érigera en coques; mais la forme, il
faut la garder toute une saison!

Ici on a connu l'ivresse plus grave du premier argent gagné et intégralement rapporté
à la mère. Bien vite après, on a senti le besoin de « gratter » quelque chose, chaque samedi, pour couvrir des dépenses que maman,
« qui est de l'ancien temps », ne comprendrait
pas. Aussi, chaque tiroir est-il une petite réserve, glace, peigne, lime, houppe à poudre,
flacon d'odeur, savon parfumé, gants de re-

change, jabot ou col qu'on met pour aller au restaurant, papier à lettres...

Indépendamment du soin à donner au travail, on se crée bien d'autres soucis et on a toujours l'esprit en pleine activité. On juge les patrons quand on les voit, et décrète qu'ils sont absolument comme tout le monde, ces gens-là! On juge les clientes, à peine entrevues, et on les déshabille en « cinq sec ». On juge la première, on juge ses compagnes et conclut que telle ou telle, réputée jolie, réputée capable, n'a tout de même rien d'épatant. Enfin, on se groupe par deux ou par trois et on se fait des confidences. De toute son âme on plaint celle dont le père boit, dont la mère est malheureuse. Boire, quel étrange vice, incompréhensible pour ces jeunes êtres! et on se promet de n'être jamais comme maman, la trop tolérante, la trop douce maman; on aime mieux ne jamais se marier. Plus tard, quand les frères seront partis — tous égoïstes les hommes! — on restera avec maman, on la secouera, on la secoue déjà pour qu'elle se révolte, et il faudra bien que le père se tienne tranquille, qu'il s'en aille s'il le préfère; des femmes ça gagne toujours assez pour soi!

La nécessité d'avoir un amoureux, comme les gamins ont une cigarette, me paraît particulière aux grands ateliers de modes et de couture. Dans les ateliers de maisons moyennes, où le mannequin et la demi-mondaine sévissent beaucoup moins, où le luxe est moins fort, avoir un amoureux n'est pas « si bien porté », et on se cache pour cela des ouvrières sérieuses. Cela n'empêche qu'on en connaît qui ont eu une « veine extraordinaire ». Souvent, la première a plus de trente ans et, si elle n'est mariée, elle a « quelqu'un » qui l'aide. Souvent, la patronne fut établie par un ami. On ne se dit pas qu'on fera comme elles; on ne s'affirme pas qu'on fera autrement. On constate seulement qu'elles sont plus heureuses que les pauvres femmes des faubourgs qui triment toute la vie et élèvent des tripotées d'enfants.

Grands yeux, petit nez, cheveux rebelles, bouche prête à rire, on est très sérieux bien qu'on n'en ait pas l'air, et on songe. De la vie, on sait déjà que le mieux encore, n'ayant point de pouvoir, est d'attendre les événements. Ce qu'on désire, ce n'est pas la richesse. Des riches, il n'y a pas que cela sur la terre, et s'il n'y avait que cela, qu'est-ce qu'ils deviendraient ? Mais on aimerait un intérieur gentil, un mari qui gagne de façon qu'à deux on puisse faire des économies. L'ouvrière, et surtout l'ouvrière de modes, la couturière, aime son travail. Comment expliquer autrement qu'elle puisse créer ces merveilles qu'on ne trouve qu'à Paris, qu'aucune ouvrière ailleurs ne recopie qu'en les trahissant ? Elle est courageuse, naturelle-

ment, comme on respire. Comment expliquer
autrement qu'elle se tire d'affaire dans les
conditions les plus difficiles ? Mais elle craint
l'hôpital, la hideuse misère, la brutalité. Ce
qui la décourage, c'est l'état désolant dans
lequel ce travail la maintient. En travaillant,
on n'arrive pas, et on aura beau travailler,
travailler toujours, jamais on n'arrivera à se
mettre à l'abri du besoin. Cela, elle le sait,
elle le voit. Supérieure à bien des points de
vue, ce n'est pas une résignée de par sa nature, elle ne le devient que par la force des
choses. Elle est en somme la digne compagne
de cet ouvrier français, qui travaille avec
goût, jouit d'une réputation universelle, mais
a besoin d'aimer la vie et de gagner pour cela
un salaire suffisant.

Surtout, elle s'aime bien, notre midinette,
et rêve d'être aimée; et jeune, comme tous
les êtres jeunes, elle se fie plus à ce qui est
brillant qu'à ce qui est profond. Elle rêve d'un

homme dont elle sera fière aux yeux des autres, et qui ne soit pas rude, incompréhensif, qui vous écoute, qui vous parle, qui vive avec vous par la pensée et par le cœur. On est cérébrale beaucoup plus que sensuelle, et si l'éveil des sens est pour quelque chose dans cette effervescence si difficile à contenir, on ne s'en doute point.

Il existe dans le monde ouvrier, cet homme « idéal » de la petite ouvrière. Nous le connaissons mal, car il fait moins de bruit qu'elle. Il rêve, lui aussi, d'une femme qui serait aimable, coquette et fine, pas trop exigeante; mais malgré les progrès de ces derniers vingt ans, les hommes et les femmes continuent trop de vivre à part. Ils ne sortent pas ensemble, ils n'ont pas les mêmes distractions. Ainsi, ceux qui pourraient se convenir ne se rencontrent que difficilement. La jeune fille connaît mal son père, mal ses frères, presque pas les amis de ses frères, et les frères se méfient des amies de leurs sœurs.

Eux aussi se disent que le père, le « vieux »
est de « l'ancien temps », que le mariage est
un état terrible et qu'il n'y a pas lieu d'y
courir. Souvent, ils épouseront quelque brave
fille qu'ils auront séduite, tête légère et cœur
chaud, ou quelque vaincue de la vie, que ses
déboires auront faite conciliante; et ces mêmes
hommes, qu'effrayait la famille, élèveront
l'enfant d'un autre.

C'est la vanité, le plus souvent, qui entraîne
notre jeune fille. La plupart du temps, on ne
sait pas ce qu'on veut. On s'est liée avec une
amie, déjà dévoyée, ou simplement aussi étour-
die que soi. En se promenant, on se fait re-
marquer, on se fait suivre, on donne des ren-
dez-vous auxquels on ne va pas, (on ne sait
pas pourquoi); on en donne auxquels on va, on
ne sait pas non plus pourquoi. On se fait offrir
à dîner pour la joie d'entrer dans un beau restaurant; on se fait conduire au Bois pour la
satisfaction de penser qu'on est tout aussi bien

qu'une grande dame au fond d'une voiture.
On prend goût à ces promenades; à la maison
on entasse les mensonges, les histoires de veil-
lées, on se dispute, on s'aigrit, on se monte la
tête, on se convainc qu'on est tout à fait mar-
tyre, et un soir on ne rentre pas.

On ne découvre qu'après, ce qu'on attendait
de l'amour; on le découvre, en ne le trouvant
pas! Certaines de ces jeunes filles sont si peu
vénales que, maîtresses de jeunes gens appa-
remment riches, elles habitent des taudis,
déjeunent de pommes de terre frites, mais
reçoivent des fleurs, dînent en cabinet parti-
culier, se promènent en automobile, et se
tuent de veilles et de privations, pour avoir
de la toilette sans rien demander à leurs
amants. Certes, ces premiers amants ne sont
pas « du monde ». Les gens du monde s'of-
frent les filles « arrivées »; mais nos Don
Juan les imitent après tout; commis, placiers,
patrons, fils de patrons, commerçants de

moyenne envergure, ils se ruinent pour sin-
ger leurs maîtres, et font le métier de pour-
voyeurs en mettant sur le marché des êtres
parmi lesquels la lutte sélectionnera, jetant
les faibles aux apaches et les pires aux capri-
ces des richards. Souvent même, ces messieurs sont pauvres et la pénurie de leurs
moyens explique leur muflerie à l'égard de
celles dont ils dérobent la jeunesse. Elles les
aiment par persuasion, elles ne veulent point
s'étonner que l'homme qui les adore s'inquiète
aussi peu de leur sort; elles se refusent à
comprendre qu'elles ne sont que des joujoux
choisis, non pas même pour leur charme,
mais pour rien, parce que c'est amusant d'être
vu avec de jolies filles, et glorieux autant
que d'avoir un beau cheval. Celui qu'anime
seul un désir brutal a moins de chance de
réussir auprès d'elles; il est peu probable
qu'il soit assez fort pour ne pas se découvrir;
et elles en riront; mais elles n'ont d'autre sa-

lon que la rue et à leur insu attendent l'amour du hasard. S'il place sur leur route un honnête homme qui ne poursuit point l'aventure en voyant de quoi il retourne, leur déconvenue ne les rend que plus enragées à la poursuite de leur chimère. Pour les arrêter une fois orientées dans cette voie sans issue, il faut une mère qui les devine, des parents qui ne croient point la sévérité plus efficace que la tendresse, ou la catastrophe, le lâchage infect qui les jette au plus affreux désespoir qu'un être humain puisse connaître : le dégoût de soi-même.

Après? Mais après, on ne va pas de son plein gré à la prostitution. On redevient farouche, on rêve d'une existence où l'élément masculin n'aura aucune part; mais souvent on a perdu sa place, quitté sa première maison, on est désemparé, il arrive aussi qu'on ne sait pas son métier [1]; on ne trouve pas de

1. Voir *l'Apprentissage* par Pierre Brizon.

travail, on ne fait que changer de « boîtes »,
on mange à peine, on ne possède rien. Quelquefois on habite à l'hôtel, ou avec une amie
aussi pauvre que soi, et on est fière, on
mourra plutôt que de rien demander à personne; puis c'est le chômage, la morte-saison,
plus rien que l'espérance de recourir à cette
nécessité inéluctable : un ami qui vous aide
et fait l'appoint.

On conçoit ce que cette recherche peut apporter de désillusions à ces malheureuses,
jeunes, ignorantes quoiqu'elles prétendent,
beaucoup moins rouées qu'elles ne se l'imagi-
nent, faibles par ce besoin de s'attacher qui
est en elles, par cette fierté inhérente à leur
nature courageuse qui ne leur permet point
d'avouer qu'elles ont besoin de secours. Aussi,
entretenues quelque temps, puis lâchées et
n'ayant toujours rien, elles retournent au
travail, puis retombent et reviennent, font
tous les métiers, se placent bonnes, si elles

sont bien faites s'improvisent modèles, si elles
ont de la voix tâtent du « caf-conc' », et se
tiennent bien dès qu'elles trouvent un homme
capable de leur témoigner une véritable affection, ou meurent de misère, et fournissent un
très minime contingent à la prostitution en-
régimentée qui recrute plus facilement ses
victimes parmi les bonnes, les filles de la
campagne, les étrangères tombées comme en
un gouffre dans la grande et terrible ville.

Le dégoût de l'intérieur familial dont l'al-
cool s'est rendu le maître est la première
cause de la déchéance d'êtres de valeur. Il
en est deux catégories encore, celles qui ne
veulent, ni se marier, ni se laisser séduire,
et qui deviennent des vieilles filles maniaques
et racornies, et les ambitieuses, ne vivant que
pour arriver, travaillant sans repos ni trêve,
et ne négligeant pas les profits d'une prostitution régulière à un ou plusieurs protecteurs
sérieux ; mais elles sont plus rares. Cœur

excellent et raison saine, la Parisienne ne supporte guère la solitude. Qui la supporte en fin de compte? L'écrivain, l'artiste, qui se retirent volontairement à l'écart, emportent leurs rêves partout où ils vont. Elle n'est pas seule, la mère de famille travaillant près de la table où les siens se sont assis et reviendront s'asseoir; mais elle est seule, notre enfant perdue, seule avec sa folie, et elle ne peut vivre sans un amour. Telles nous apparaissent la jolie Blanche de *Vers l'amour* (Gandillot), cette gamine de Jeanne dans *En ménage* (Huysmans) et la magnifique et infortunée Céline du *Carnaval des Enfants* (Saint-Georges de Bouhélier).

Qu'elles réussissent, et l'argent, le souci du rang à tenir, dessécheront des âmes que le malheur avait laissées fraîches et vivantes; mais l'excès de misère, la maternité les exaltent au-delà des forces humaines; et cependant, comme le dit très justement « la fémi-

niste » dans *Camille Frison* (André Vernières) :
« Notre société est encore remplie de vieux
préjugés qui passent à tort pour avoir disparu.
Elle affiche le libéralisme le plus large à l'é-
gard de la fille-mère, et pourtant elle n'a
cessé de voir en elle une créature déchue ;
elle la plaint et trouve cela de bon ton ; mais
au fond, elle garde à son endroit une répu-
gnance insurmontable ; elle crée des œuvres,
des asiles, lui prodigue ses soins ou son argent ; mais quand il s'agit de regarder en face
le problème, quand on lui demande d'enrayer
l'état de choses qui fait qu'il existe de ces
femmes, alors... elle se dérobe ».

Or, il est une loi morale que nous connaissons tous : Pour guérir l'enfant honteux d'une
première erreur, il faut lui rendre confiance
en lui, lui montrer qu'il est encore capable
de quelque chose. C'est ce que fait la femme
du peuple, inlassablement, pour son homme
« qui boit », c'est ce que font les gens du peu-

ple pour la fille égarée si le séducteur n'est
pas un bourgeois, et c'est le rôle de l'enfant
rédempteur dans la vie de celles que tout
abandonne. La maternité leur rend leur fierté
native, et celles qu'on trouve dans les asiles
philanthropiques, dont la charité se fait sys-
tématiquement blessante, ne sont pas les
meilleures. Les meilleures se débrouillent
seules, n'importe comment.

J'en ai connu une dans un de ces restaurants de dames seules que les ouvrières abandonnent tout de suite et où je déjeunais en
face d'elle. Enceinte de sept ou huit mois,
elle travaillait dans la fourrure, et déjeunait
en quelques minutes d'une portion de légumes
et d'un peu de lait, puis elle se mettait à
coudre de petites choses blanches. Ses yeux
creux, son teint jaune, ses traits tirés lui
faisaient un masque douloureux et angois-
sant, et son peignoir de pilou semblait ne plus
tenir à ses épaules. Elle était polie, assez

douce, ne se plaignait pas. Comme je lui avais
donné un peu de dentelle pour garnir une
brassière, j'osai par la suite lui offrir un œuf
que j'avais en trop, et mon œuf me fut rendu
la semaine suivante, simplement, peut-être,
comme au village on se prête et se rend du
pain ; mais on n'accepte pas l'aumône et quand
on y est forcée, on en souffre trop pour avoir
de la reconnaissance.

D'ailleurs, comment fait-on la charité? A
l'hôpital on donne à l'accouchée les soins in-
dispensables, mais on les donne de mauvaise
grâce. La Maternité envoie les « cas simples »
chez des sages-femmes en ville qui exploitent
leurs malades et touchent des primes des
nourrices. A l'hôpital aussi, on affiche toutes
les conséquences de l'abandon de l'enfant
dont la mère sera séparée, sans nouvelles,
apprenant seulement tous les trois mois s'il
est vivant ou mort. Cela ne fait pas d'effet,
mais ce sont des mots! En attendant, tout

de suite, comment vivra-t-on? L'Assistance
publique donne un secours immédiat, puis
vingt francs par mois. Avec cela, une femme
allaitant son enfant peut-elle vivre? Elle
travaillera donc, et voilà que nous retombons
dans « l'Enfer du travail à domicile »[1].

« Dans une société bien ordonnée, dit « le
docteur » de M. André Vernières, toute femme
devrait avoir, de par la loi, la vie assurée
pendant toute la durée de l'allaitement », —
et des industriels, des commerçants ont de-
vancé la loi. La Société d'Electricité d'Ivry
donne trois francs par jour, pendant un mois,
à ses employées en couches, à condition
qu'elles ne travaillent pas; d'autres donnent
un mois de congé payé avant et après l'accou-
chement[2].

Dans certains cas, une femme peut donc,
de nos jours; et avec dignité, élever un en-

1. *Camille Frison* d'André Vernières.
2. Les Etablissements Paz et Silva.

fant. Les bourgeois, le peuple, ont des préjugés de classe, mais entre ces extrêmes, il
existe tout un monde de travailleurs appar-
tenant à tous les milieux, se créant sans y
songer une mentalité neuve, qui tend à divi-
ser les sociétés modernes en oisifs et en pro-
ducteurs de tout ordre, et à tenir avant tout
le courage pour respectable. Il ne s'ensuit
pas, hélas! qu'on puisse demander à toute
fille-mère de recommencer la vie. Les plus
fortes vous diront qu'ayant subi tant de misère pour faire de leur enfant un homme ou
une femme, elles n'ont plus rien désiré d'autre, tout ressort cassé, et n'aspirent qu'à la
paix. « Quand ma fille sera casée, me disait
l'une d'elles, pourvu que je puisse payer mon
terme, j'arriverai toujours à me nourrir, je
n'ennuierai personne et je mourrai sans chagrin ».

Ce n'est pas la maternité que ces femmes
repoussent. Pour la plupart des femmes, la

maternité demeure, demeurera longtemps
sans doute le but de la vie, l'éternelle conso-
lation; mais ce n'est pas le travail à domicile qui peut sauver la famille. « Un temps
viendra, dit « l'ingénieur » de M. André Vernières, où l'ouvrière en chambre, cette malheureuse qui s'épuise pour gagner un verre
d'eau, n'existera plus qu'à l'état de souvenir,
comme l'esclave de l'Antiquité qui tournait la
meule ». Et c'est bien, et ce temps doit venir,
car la mère qui veut être mère doit pouvoir
ne pas travailler; et il n'y a de vrai remède
qu'un sérieux budget de la maternité. Celles
qui s'en vont, de plus en plus entraînées par
la lutte, grisées même par un succès qui demande l'immolation des espoirs les plus légi-
times, les plus doux et les plus chers, n'auront travaillé en définitive que pour arracher
cette conquête à l'indifférence séculaire de
nos sociétés patriarcales.

Ce ne sont pas des arguments de féministe

qui rapprochent ainsi de plus en plus toutes
les femmes, malgré elles, autour d'un but
commun qui est un berceau, ce sont les arguments même des ennemis systématiques de
toute femme économiquement libérée comme
de toute aide honorablement apportée à la
fille-mère.

« Elles ne veulent plus d'enfants », disent
les uns. — « Elles en auront trop, disent les
autres, dès que cela ne leur coûtera rien. » Disons plutôt que la misère et la honte attachée
à la fonction la plus naturelle et la plus
sainte sont des absurdités insupportables et
que c'est à nos lois de généraliser les exem-
ples donnés par quelques-uns dans le monde
du travail.

La Vieillesse

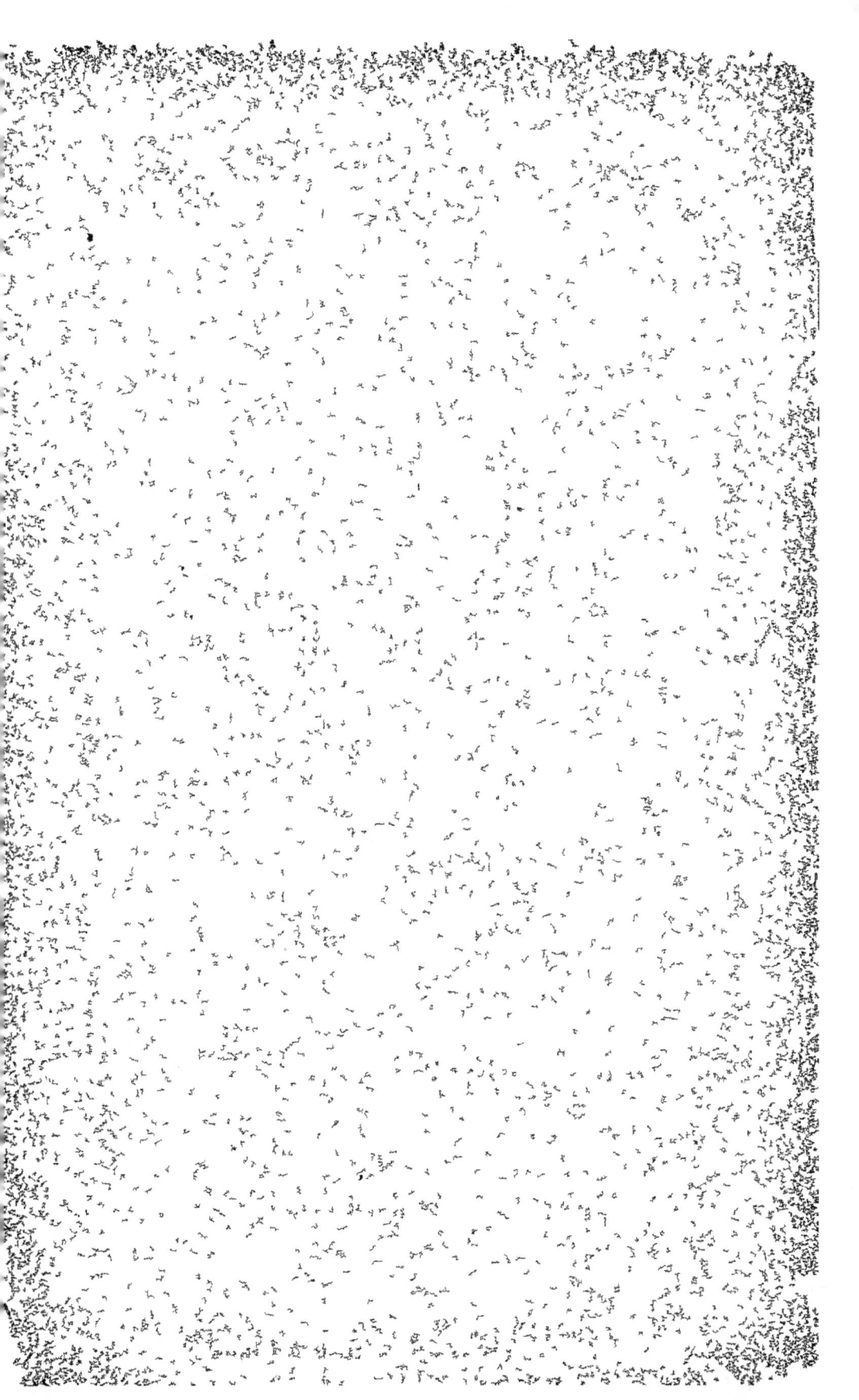

Il fait doux et le ciel s'est éclairci, comme
cela souvent arrive à Paris vers la fin du
jour, au commencement du printemps. Des
serins s'égosillent dans leurs cages pendues
au dehors et se défient des deux côtés de la
rue. Le long des boutiques, un chat file et,
preste, s'introduit par l'entre-bâillement d'une
porte, ou, sagement assis sur le seuil, vers
chaque passant lève des yeux superbes pour
quémander une aide. Des ménagères sortent
et se hâtent de faire leurs provisions. D'autres

« taillent des bavettes » ou expliquent qu'il n'est plus temps de mettre le pot-au-feu. Une concierge se plaint des uns et critique les autres, conte les frasques d'une pimbêche ou s'associe aux doléances d'une bonne, ou jalouse encore la mise d'une vieille femme qui s'en vient d'un pas ferme et s'est coiffée, ce jour, d'une capote de velours égayée de quelques fleurs.

« C'est donc qu'aujourd'hui, elle dîne chez sa fille qui est bien? »

Et c'est vrai, se répète la vieille femme qui a entendu : « C'est vrai, j'ai une fille qui est bien. » — Cette femme d'ouvriers a élevé plusieurs enfants qui ont tourné un peu de tous les côtés. Une de ses filles a épousé un employé, puis elle a pris un commerce et tout lui a réussi ; c'est cette fille qui lui donne des vêtements ; aussi, bien qu'elle l'aime de tout son cœur, que volontiers, elle en soit fière, il lui semble parfois que son enfant la

protège et elle en prend quelque ombrage.
Certainement, si elle avoue tout à l'heure
qu'elle est venue à pied, elle sera grondée.
Ses petits-enfants, à table, riront d'elle en
cachant leur museau sous leurs serviettes.
Ils riront de grand'mère qui craint de descendre dans les « trous » du « métro » et ne veut
pas voyager sous la terre, qui tremble lorsqu'à ses côtés, au tournant d'une rue, brusque, le monstre autobus apparaît. Ce n'est
pas qu'elle blâme ces machines; c'est très
bien pour les autres, mais elle ne peut s'y
faire, et la vie doit être ainsi comprise qu'on
ait le droit d'avoir tort si on n'a plus le goût
à rien.

Chez son fils, un bon ouvrier, dont elle va,
en temps habituel, garder la marmaille, car
la bru travaille au dehors, les enfants aussi
rient de ses terreurs et lui répondent qu'eux
iront en aéroplanes. C'est très bien, dit-elle,
d'être jeunes et d'être braves. Alors, ils de-

mandent si cela ne lui fait point de peine
toutes ces inventions dont elle ne profite pas,
et elle sourit, demande s'ils savent ce qu'il y
aura quand ils seront vieux; puisque maintenant on vole dans les airs, tout lui apparaît possible. Savent-ils, ces jeunes diables,
qu'en vieillissant on se fatigue et qu'on ne
peut tout avoir et tout voir à soi tout seul?
Mais ils rient : Vieux? Ils ne le seront jamais.
— Partout, ils la suivent et se tiennent dans
la cuisine au long du fourneau, tandis qu'elle
conte à sa casserole : « Cuis donc, na-nan,
gourmand t'attend. » — Les enfants, il faut
que ça vous cause et que ça vous tiraille; les
siens étaient tout pareils, mais elle n'avait
guère le temps de les écouter. Chez son fils,
du moins, elle est à son aise; elle se rend
utile et gagne son assiette du fricot qu'elle
prépare.

C'est qu'elle n'est pas riche, notre vieille
femme du peuple. Le matin, elle fait des mé-

nages pour payer le loyer de sa mansarde;
elle accepte aussi de garder la loge du concierge, et un jour, son fils l'a surprise lavant
les escaliers. Il a eu une violente colère, mais
elle n'en est pas plus riche pour cela. Elle sait,
sans doute, qu'il la prendrait bien chez lui,
mais elle ne veut pas. Les vieux et les jeunes
ne sont pas faits pour vivre ensemble, et il
est des choses qui ne sont pas possibles quand
il faut toujours être sur le dos les uns des
autres. Sa bru est une femme nouvelle qui ne
se laisse pas faire, menace de ficher le feu à
la maison si son homme boit un coup de trop,
ou d'enlever les mioches et de ne plus reve-
nir. Elle ne la blâme pas, le fils ressemble un
peu à son brave homme de père qui avait ce
défaut de boire; mais elle n'aurait pas osé,
tandis que la bru gagne sa vie, possède un
livret de Caisse d'Epargne et a toujours au
moins quelque argent devant elle. Elle est
coquette aussi et se fait aimer. On ne pouvait

pas autrefois, on ne peut rien sans argent;
et les enfants aujourd'hui gagnent davantage;
mais ils payent un loyer énorme et crient
qu'ils n'ont pas assez de place. La bru donne
son linge à la blanchisseuse, fait faire ses
raccommodages; il lui faut un peu de toilette
pour sortir avec son mari.

Sortir ensemble! C'est un bonheur que leurs
parents n'ont pas connu. La mère toujours
avait à faire; alors elle disait : « Va ! », et
c'est dur pour elle maintenant de voir ce
bonheur qui n'a pas été le sien. Aussi, dès
qu'elle n'est plus utile, préfère-t-elle s'en
aller. Les « agaceries » de la jeune femme la
rendent amère, la poussent à la critique, et
elle sait aussi que pour cela elle a tort. Si
elle avait su « prendre » son homme autrefois, peut-être ne serait-il pas parti avant
elle? Il n'était pas mauvais, mais boire, on
commence si facilement! Souvent, c'est le
métier qui veut ça. Quelquefois le jeudi, avec

les enfants, elle va jusqu'à la Seine et s'arrête
pour regarder les hommes qui charrient des
pierres, transportent des sacs, respirent une
atmosphère empoussiérée de charbon ou de
sable. Comment pourraient-ils ne pas boire?

Maintenant, c'est fini, et elle est seule. Que
deviendrait-elle si elle était infirme comme
tant d'autres qu'elle connait? Elle voudrait
n'y pas penser, mais c'est une idée fixe qui la
hante et l'empêche de s'intéresser au specta-
cle de la rue. Parfois, pourtant, la glace d'un
café lui renvoie son image et elle s'arrête un
peu saisie : elle a l'air d'une dame; ces choses
ne sont plus de mise à son âge, mais sa fille
le veut et prétend que la vieillesse n'a nul
besoin d'être déplaisante. Elle se rend compte
aussi qu'on doit être à l'unisson partout où
l'on va. Et c'est vrai qu'elle a bonne mine,
bien meilleure que quand elle était plus jeune.
Alors, pourtant, elle allait aussi dans le cen-

tre, mais elle ne s'habillait pas. Toujours une angoisse lui griffait la poitrine : c'était les enfants laissés en garde, un petit, le matin porté à l'hôpital. Combien de temps attendrait-elle pour faire recevoir son ouvrage? La payerait-on? Et le père qui n'était pas rentré depuis la veille? Ou, c'était le souvenir d'un pauvre petit mort, premiers fins cheveux, douces lèvres bégayantes qu'il vaut mieux ne plus voir. Le père aurait-il trouvé du travail? — Il n'était pas paresseux; mais il avait son orgueil et ne faisait pas n'importe quoi. — La femme, les enfants qu'un homme s'est mis sur le dos, après tout, il leur donne ce qu'il a, et s'il n'a rien, sa conscience est tranquille; mais une femme, c'est une autre nature, sa chair crie si son enfant souffre. Aussi, a-t-elle fait tous les métiers et on le dit fort bien : « Trente-six métiers, trente-six misères », mais elle n'avait rien appris de sérieux. L'apprentissage coûtait autrefois, on faisait plutôt des sacrifices pour les garçons, pas pour tous, et voilà qu'une vieille complainte lui trotte par la tête :

Toujours battu des vents contraires
J'ai dit qu'on m'apprenne un métier.

Sur ce point, avec le père, elle était bien d'accord, et tous leurs enfants ont appris un métier. Tous, non, pas l'aînée. Celle-là, il a fallu qu'elle gagne tout de suite. C'est un malheur dans un ménage pauvre que l'aîné soit une fille. C'est un malheur pour elle. La vieille mère maintenant se reproche d'avoir fait trop de confidences à sa jeune fille autrefois ; elle l'a poussée à la révolte ; on ne doit pas pousser ceux qu'on ne veut pas suivre, et l'enfant est partie. Maintenant, elle la revoit, ce n'est pas une vilaine fille, elle travaille. Elle n'est pas mariée, on ne va pas chez elle, mais son frère, sa sœur la reçoivent, et souvent elle monte à la mansarde de maman. Elle souffre à coup sûr, tandis que ses yeux errent de la tabatière au carrelage usé, aux vieux meubles enserrés. Le grand lit n'est plus là, il n'aurait pu tenir. La jeune femme pourtant ne pose pas de questions, elle apporte des fleurs, du tabac à priser; elle sait bien que la mère ne voudrait rien d'autre, puisqu'elle ne peut lui donner sa confiance, et cependant, elle sait qu'elle fut peut-être la plus chérie. Elle n'est plus toute jeune, mais elle a gardé sa taille, ses yeux brillants, ses cheveux fins. Pauvre fille, pense la vieille femme, se peut-il qu'il ne manque rien à une femme qui n'a pas d'enfants?

Comme il paraît grand le mal qu'on a souffert, quand ainsi on le retourne, le ressasse et le mesure! On l'a supporté, on ne le supporterait plus, et trop réfléchir étourdit. De plus en plus, la vieille femme s'arrête, pose sur les refuges et s'émerveille des automobiles. Comment ne montent-ils pas les uns sur les autres? mais c'est docile ces machines-là! C'est sorti du jour au lendemain, et tout de suite il s'est trouvé des hommes pour les conduire. Elle les aime; son dernier fils est chauffeur. Lui, n'a pu finir son apprentissage, le père buvait trop; c'était la fin, et les grands, tous partis, avaient assez à faire pour eux; mais il est débrouillard, intelligent et s'occupe de ce qu'il appelle les questions sociales. C'est de lui qu'elle a appris qu'elle pourrait bien avoir une retraite qui serait comme une rente que l'Etat lui ferait pour l'aider à payer son terme. Elle est incrédule, elle pense comme son fils aîné : pour croire, il faut voir; mais c'est une idée qui l'attire, danse comme un effet de mirage devant ses yeux. Ne pas être à charge sera sa dernière préoccupation.

Çà et là, des façades s'illuminent, les trottoirs sont noirs de monde, et les chaussées roulent un flot compact de véhicules enchevêtrés. Des hommes courent, « beuglant » les

journaux du soir, et parfois une femme s'es-
souffle à les suivre, criant à son tour d'une
pauvre voix qui râle; mais tous vont, trouvant toutes choses naturelles, et se pressent,
sans y songer, vers un autre temps qu'ils ne
peuvent prévoir. Au-dessus des têtes, le grand
ciel pâle se colore, tandis qu'au loin rutile la
pourpre du couchant, mettant des touches ar-
dentes au front des maisons sombres où des
vitres flamboient. Et des arcs électriques épan-
dent des lueurs bleuâtres; et des enseignes
clignent de leurs yeux jaunes, pour briller
quand même dans le demi-jour du crépuscule.

Des groupes de travailleurs discutent sous
les portes, se serrent la main, et se hâtent
vers les hauteurs de Montmartre. Par les artères qui vont des boulevards à la Seine, le
long des vitrines ruisselantes de pierreries et
de lumières, rapides, glissent des jeunes femmes en mauvaises bottines et chapeaux de
printemps. Paquets par paquets, c'est une

foule caquetante qui s'en vient battre la sta-
tue d'or de Jeanne la Bergère, ou piétine aux
angles de la place de la Concorde, sillonnée
de toutes parts, au bruit des sonneries de
tramways, des appels de trompe déchirant
l'air qu'ébranla le serment des hommes de
la Révolution. Tel un ver luisant gigan-
tesque, le Métropolitain franchit la Seine et
emporte les habitantes de Grenelle et de la
lointaine place d'Italie, ou des boulevards
déserts dont un nom nous rappelle le génie
tendre et sublime de Pascal. De là, des folles
iront se perdre sur la montagne qui vit l'ex-
tase de Sainte Geneviève et l'amour d'Hé-
loïse. D'autres n'arriveront qu'à la nuit tom-
bante au fond des grands faubourgs dont la
ruée balaya les pierres de la Bastille. Des
clartés s'éveillent à toutes les fenêtres et,
d'en bas, monte une rumeur comme de la
mer charriant ses vagues qui ne se taisent
jamais. Le Paris du plaisir se noie dans sa

folie, tandis que la Seine clapote non loin de l'austère Colonnade, souvenir d'un siècle qui resta sourd aux prières de Colbert. Et la vieille Notre-Dame, enjambant le parvis, ouvre ses porches d'ombre où le ciseau génial d'un obscur artisan, auprès des saints frigides, a creusé la grimace de damnés se riant des tortures. Et c'est la nuit, et le cercle infernal où tournoient les phalènes happées par la misère, pour que Paris, demain, de toutes les forces qui lui furent remises, rayonne sur le monde nos espoirs d'émancipation universelle.

La Vocation

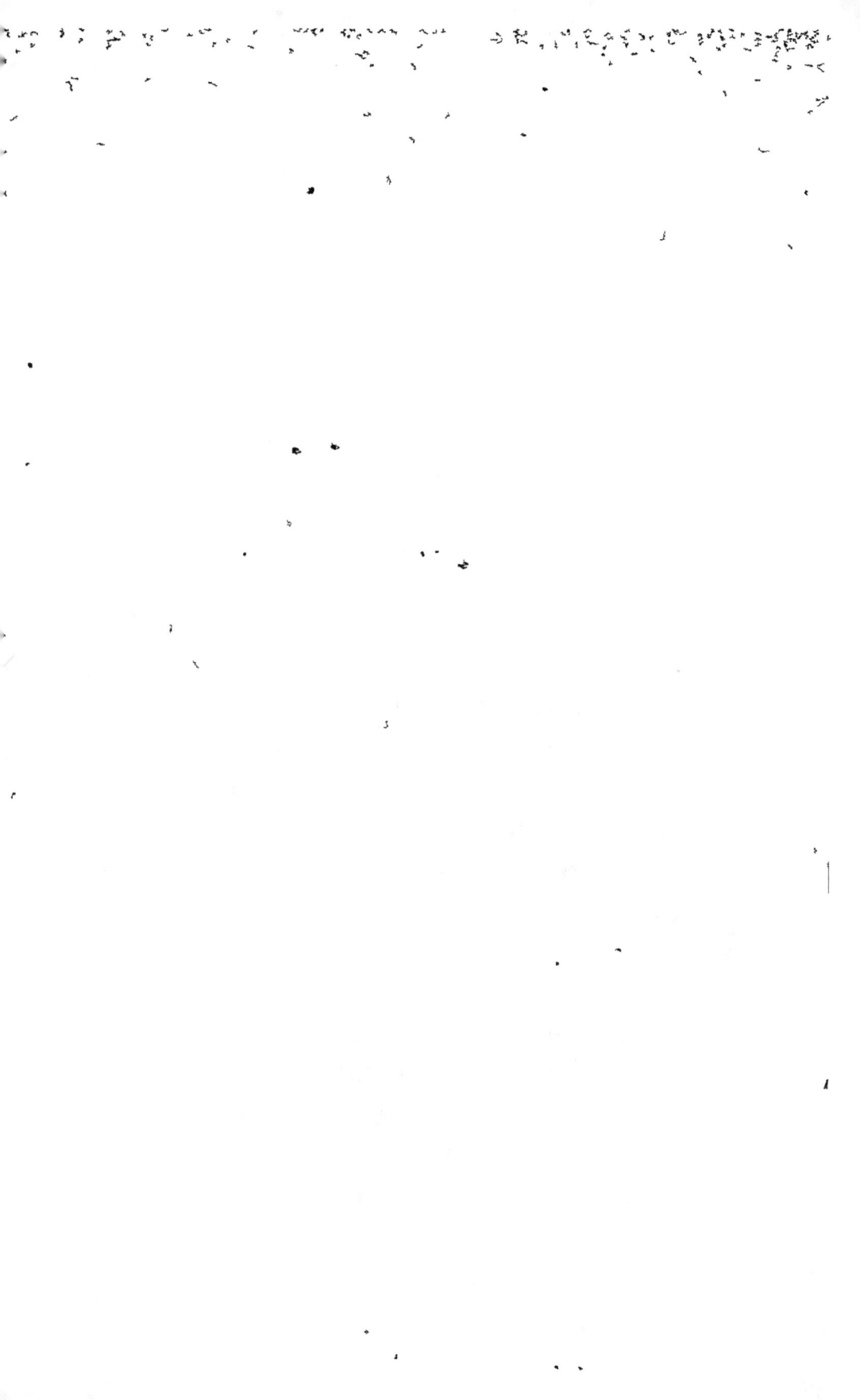

Petite a seize ans... et son brevet élémentaire. Ses parents, employés, fils de paysans venus autrefois se mettre domestiques à la ville, ou tout simplement ouvriers aisés, ayant de concert peiné au cours d'une dure vie de travail, sont en train de s'embourgeoiser et ne veulent pas que leur fille devienne une ouvrière. Remarquables souvent par l'intelligence, le bon sens, la finesse, le tact et la droiture, conscients de leur valeur, ils s'avouent volontiers l'un à l'autre leur mépris des professions libérales, — médecins, littérateurs ou artistes, voire calicots ou gratte-papier, — leur mépris de tous ceux qu'ils confondent avec les inutiles; mais ils ne veulent pas que leur jeune fille devienne une ouvrière. L'homme est un être social; savoir ce qu'il vaut ne peut lui suffire, et l'estime des autres compte à ses yeux beaucoup plus que la sienne. Or, tous nous divisons le travail en « intellectuel », et « manuel »; nous voulons que l'un soit supérieur et l'autre inférieur, comme si tout effort devait être jugé autrement que sur les capacités qu'il révèle par rapport au but qu'il se propose.

« Petite » a-t-elle le sens des affaires, un esprit à la fois ouvert et méthodique? N'est-elle pas plutôt susceptible de fantaisie? A-t-elle du goût? Ne possède-t-elle pas justement le tempérament d'une excellente artisane? Puisqu'on l'a gardée jusqu'à seize ans inactive, on aurait pu tout aussi bien faire le sacrifice de son apprentissage; mais personne n'a songé à se demander si cela n'eût pas été préférable ; personne ne lui a appris que, si gagner son pain est une satisfaction, créer est une joie qui rend la vie plus saine et fait les cœurs plus larges.

Il y a ceci encore, ne l'oublions point, c'est que le sort de l'ouvrière, dans notre société, est, à tous égards, déplorable ; aussi, nos bons parents ne peuvent-ils songer une seconde à l'idée de livrer « Petite » à toutes les vicissitudes qu'ils connaissent ou qu'ils prévoient. Déjà leur cœur saigne à la pensée qu'il leur faudra cependant laisser « Petite » aller chez des étrangers, dans un bureau, dans un magasin, sinon dans un atelier ; qu'elle prendra le « métro », l'autobus, et fera peut-être de mauvaises rencontres ; qu'elle aura des camarades et sera peut-être contrainte de déjeuner au restaurant.

Tout au plus seraient-ils satisfaits de la voir dans un ministère, où on leur a dit [1] que main-

1. Ministère du Travail.

tenant des femmes pouvaient gagner de dix-
huit cents à trois mille six cents francs par
an. Ils aimeraient aussi une administration, un de ces établissements de crédit aussi
sûrs que la Banque de France, le Crédit Lyon-
nais, le Crédit Foncier, la Société Générale...
Mais pour concourir, il faut avoir dix-huit ans,
et ils sont au bout de leurs efforts. « Petite »
grandit, elle use, elle exige. Attendre deux
ans, d'ailleurs, serait peut-être un sacrifice
inutile. Il y a beaucoup de concurrentes et
bien peu d'élues. Elle a une bonne écriture,
elle ne fait plus guère de fautes, elle se tire
de ses quatre règles, elle connaît par cœur ses
sous-préfectures; mais il y a le « piston »...

Même reçue, on n'entre pas tout de suite en
place, il faut attendre qu'il y ait des vacances. Après cela on est stagiaire, on gagne
quatre-vingt francs par mois, et on a vingt
ans, plus peut-être ! Plus tard, on aura douze
cents francs de traitement annuel, avec aug-

mentation de cent francs de temps à autre, pas tous les ans. Cependant, quelque jour, en arrivant à la maturité, on peut atteindre jusqu'à deux mille quatre cents francs par an.

C'est joli pour une femme, pense la mère, et cela permettrait à « Petite », qui sans doute se mariera, de prendre une bonne pour les enfants et le ménage : car « Petite » sait pianoter, sait broder, est élevée comme une demoiselle ; mais c'est à peine si elle fait son lit et souvent même on lui cire ses chaussures. Enfin, dans ces administrations, les journées ne sont pas bien longues : de neuf heures à cinq heures, ou de dix heures à six heures ; une heure seulement de plus que les hommes, au Crédit Foncier, par exemple. Oui, la vie pour elle serait plus agréable qu'elle ne l'a été pour sa mère ; et puis, elle aurait une retraite ; voilà surtout de quoi séduire ceux que son sort inquiète au-delà de la vie même. Economiser comme ils l'ont fait, sou à sou, franc

à franc, chaque jour, durant toute une èxis-
tence, se priver toujours du moindre superflu,
cela dessèche l'âme, ruine l'esprit, retire le
goût du bonheur, et ce qu'on a accepté pour
soi on ne le veut pas pour l'enfant qu'on aime.

Pour « Petite » encore, on aimerait les Postes et Télégraphes, mais c'est bien difficile
quand on n'est pas déjà de l'administration.
D'ailleurs, maintenant il paraît qu'il faut passer par le service du téléphone. Téléphoniste,
ce n'est plus aussi dur qu'autrefois. On ne travaille que sept heures par jour, de sept heures à midi et de sept heures à neuf heures du
soir. Souvent même il arrive qu'on ne retourne
pas le soir, et c'est ce qu'on appelle un « pro-
fit ». Quelquefois le lendemain, on a encore
sa matinée, et on travaille alors de midi à
sept heures. N'est-ce pas tout à fait l'affaire
d'une femme ? Avec cela, onze cents francs
par an, même durant l'apprentissage ; quatre
cents francs de frais de séjour, un franc par

jour d'indemnité de repas; en un mot, dix-huit cents francs pour le début. A la vérité, deux mille deux cents francs au maximum après huit ou dix ans de services, mais la retraite atteint les deux tiers du traitement; puis il y a les indemnités, et cela conduit jusqu'à trois mille. Seulement, là aussi il faut avoir dix-huit ans, et concourir, et attendre qu'il y ait des vacances. Pour quatre-vingt-dix vacances, il y a couramment quatre à cinq mille inscriptions. Les influences politiques règnent en plein dans les Postes, Télégraphes et Téléphones, et chacun commence par caser les benjamines de ses électeurs; aussi n'y trouve-t-on guère de parisiennes.

On pense encore pour « Petite » à quelque grand magasin. Quelques-uns assurent une retraite, mais ceux-là ne sont pas nombreux. Pour entrer, il faut des références, ou on ne vous prend que comme débitrice, on a alors deux francs cinquante par jour, et on n'aime pas les toutes jeunes filles ; il faut donc débuter ailleurs. Ce n'est pas facile. « Chez nous, leur dit une vendeuse, le patron est du Nivernais, aussi ne prend-t-on ici que les gens de la Nièvre, »; et tel autre marchand d'armes et de cycles, à qui on les a recommandés, ne veut accueillir que les natives de Saint-Etienne.

Les plus beaux projets s'affirment donc irréalisables pour de pauvres gens sans relations. De tous les côtés, ils demandent des conseils, et « Petite » écoute ce qu'on lui rapporte.

Elle n'a pas d'opinion, mais elle a tout à fait hâte de s'en aller au dehors ; il lui semble bien qu'on ne l'y mangera pas. Être gâtée, choyée, c'est en vérité une excellente chose, mais respirer c'est un grand besoin. Surtout, elle voudrait gagner de l'argent tout de suite. A la maison, elle ne manque de rien sans doute, mais maman a une tendance à lui imposer son goût pour les robes et les chapeaux. Maman

est très personnelle; le soir, le dimanche,
elle ne veut pas qu'on sorte et prétexte la dépense. En réalité, maman ne veut pas rester
seule. Le père fait sa partie, les garçons se
promènent. Des sœurs, les unes sont mariées,
les autres, libérées, qui autrefois réclamaient
l'enfant comme excuse, n'en veulent plus maintenant qu'elle est trop grande pour qu'on paye
pour elle. Qu'on paye pour elle aussi froisse
sa jeune dignité intransigeante. Il faudrait
payer et ne pas le lui faire voir; aussi :

— Emmenez-la, supplie la mère, à contre-
cœur.

— Laissez-moi, puisque c'est ainsi, répond
l'enfant. Et souvent à la maison, on se boude,
on se querelle. Cela n'empêche pas « Petite »
de désirer une bicyclette comme ses frères,
de comploter l'achat d'un beau costume tail-
leur. Oh! avoir ce qu'ont les autres et ne le
devoir qu'à soi seule!

Son rêve eût été de devenir institutrice,

mais apprendre la sténographie lui plairait.
Quelquefois, ses sœurs sont déjà sténographes ;
et comme elle sait maintenant employer le
verbe « to do », elle juge qu'elle connaît à peu
près la langue anglaise ; avec cela, on lui a
dit que dans le commerce, on arrivait loin.
De plus, elle est jeune, habituée à ce que d'autres répondent pour elle aux grandes nécessités inéluctables qui vident toutes les tirelires ;
cent vingt francs, cent cinquante francs par
mois, cela lui paraît énorme.

Voici donc « Petite » orientée vers la sténographie. Apprendre la sténographie n'est ni
coûteux, ni difficile. Dans tous les quartiers,
il y a des cours du soir où l'on enseigne gra-
tuitement. Les professeurs, pour des leçons
particulières, ne demandent guère plus de dix
à quinze francs par mois, et, naturellement,
s'ils ont vent de quelque place, ils la réser-
vent à leurs élèves payants. Toutes les maisons de machines à écrire ont des écoles. Pour

dix francs par mois, on a droit chaque jour à quatre ou cinq heures de pratique, aux conseils de la surveillante, à l'inscription sur le livre de placement, et on tient la pratique d'une machine en trois mois.

Mais il est un don nécessaire pour faire une bonne sténographe : la mémoire; et cette mémoire, ce n'est pas celle qu'on développe à l'école. Il ne s'agit plus ici de retenir par cœur, il s'agit de saisir l'enchaînement des phrases et de pouvoir reconstituer le mot qui manque, qu'on a entendu à peine, et qu'on ne réentendra pas. L'écriture sténographique ne comporte ni voyelles, ni diphtongues, et souvent pour cause « d'incomptabilité », de « liquidité », on élimine quelques consonnes, les p, les b, les t, les d. Dès qu'on fait de la vitesse, on déforme les signes. Aussi beaucoup de jeunes filles n'arrivent-elles jamais à se relire. Elles ne deviennent pas sténographes, elles tombent à l'état de « rouages », au mé-

tier de copistes condamnées à fournir leurs
quarante pages par jour pour des gains qui
varient de soixante à cent vingt francs par
mois. Dans les maisons de travaux à la machine à écrire, on les emploie encore à tourner
les duplicateurs, Ronéo et autres. Elles font
des enveloppes qu'on leur paye deux francs le
mille ; elles peuvent plier des prospectus.

Malgré ce déchet important, la concurrence
ne demeure pas moins grande. Des jeunes filles
très pauvres, que leurs parents ont mises à
faire des courses dès la sortie de l'école, finis-
sent quelque jour par être chargées du service
du téléphone dans une maison de commerce ;
on obtient une machine, on fait quelques lettres, on apprend la sténographie toute seule.
Des ouvrières aussi tentent le même effort,
lassées de la médiocrité de leur gain, séduites
par la perspective d'une situation stable, par
l'avantage du délai congé qui est d'un mois
pour l'employée, et de huit jours seulement

pour l'ouvrière. Avoir un salaire fixe, un mois devant soi pour se retourner, c'est là un avantage très appréciable pour l'ouvrière parisienne, le plus souvent payée « aux pièces », toujours en proie à la terreur du chômage et de la brusque cessation de tous subsides. L'ouvrière n'est pas payée le dimanche, ni en temps de maladie. En admettant qu'elle gagne quatre francs par jour, cela ne lui fait que quatre-vingt-seize francs par mois. D'autres jeunes filles encore, mi domestiques, mi demoiselles de magasin, chez le chemisier, chez la mercière, mal rétribuées, mal nourries, se laissent entraîner par des camarades jusqu'au cours du soir ; le petit commerce agonisant ne suffit plus à entretenir même les membres d'une famille.

Le marché est vaste, mais toutes se précipitent vers le commerce. Or, le commerce, c'est l'intermédiaire, il n'emploie, il ne peut employer qu'une quantité infime d'énergie

comparée à celle qu'exige l'art et la production. Il ne peut s'agir de le supprimer, mais que
deviendrait-il si la production diminuait, par
suite d'une désertion de plus en plus grande des
ateliers et des campagnes? Il en résulterait un
grand malaise dont nous ne connaissons que
les prodromes. Nous délivrer de sots préjugés,
rendre au travail manuel la place digne qui
lui revient, donner à l'ouvrier, à l'ouvrière,
la sécurité, le souci de l'art, la joie de vivre,
c'est de plus en plus une nécessité sociale.

En attendant, et pour un temps, l'invention
de la machine à écrire a tiré d'affaire des
milliers de jeunes femmes, sans métier ou
sans ressources. L'instruction reçue à l'école
primaire est suffisante si l'enfant en a profité
comme il convient, et tout le monde aujour-
d'hui emploie la machine à écrire : le médecin, le notaire, l'avocat et l'huissier, les littérateurs et les journalistes, le banquier et l'agent
de change. On envie les places auprès d'eux;

et seules les obtiennent les privilégiées qui peuvent avoir des recommandations ; mais il reste l'industrie, le commerce de luxe, le commerce d'alimentation.

Les places les meilleures, journée de travail réduite, ne dépassant pas huit heures, gains pouvant aller de cent cinquante à deux cents cinquante et trois cents francs par mois, se trouvent dans la grande industrie et les sociétés de mines. D'après ce qu'on sait de la sténographie, on conçoit que l'emploi de termes techniques, d'expressions peu usitées, aggravent les difficultés et réclament les services de personnes intelligentes. Ajoutons que savoir bien dicter, du premier jet, sa correspondance ou son rapport, est un talent difficile, car le plus souvent celui qui dicte est pressé. Il s'agit donc pour la sténographe de saisir la pensée du patron ou de l'ingénieur et de l'exprimer correctement sans la dénaturer. Dans ces conditions, une sténographe, à la hauteur

de sa tâche, peut devenir une employée pré-
cieuse; et la machine à dicter [1] qui tend à
supprimer l'usage de la sténographie ne peut
supprimer l'initiative de la secrétaire.

Dans le commerce d'alimentation, les journées sont plus longues et peuvent atteindre
dix heures de présence, de huit heures à midi,
et de une heure à sept heures du soir; les gains
restent médiocres : cent à cent-soixante quinze
francs par mois. Là où les bénéfices restent
minimes, où il faut pour couvrir les frais généraux brasser un grand nombre d'affaires, le
patron est moins généreux. Cependant, il arrive aussi que le commerce de luxe paye très

1. Application du phonographe : les disques enregis-
treurs répètent à la dactylographe ce qu'on leur a dit,
et on les fait raboter ensuite ; ainsi le patron n'est plus
tenu d'immobiliser une employée pour la dictée des lettres, mais il parle simplement devant l'appareil ; il peut
aussi dicter son courrier le dimanche, par exemple, pour
qu'on le transcrive le lundi. Ces machines coûtent encore très cher, environ sept cents francs, y compris le
répétiteur pour la dactylographe.

mal : c'est que toutes s'y portent. On veut bien avouer qu'on est dans la maroquinerie ou la dentelle, mais on rougit bêtement de n'être que l'employée d'un commissionnaire aux Halles. Pourvu qu'on se case dans un journal ou une revue, on se croit presque littérateur, et on juge cela bien mieux que de sténographier sous la dictée d'un marchand de grains.

Les grands magasins aussi emploient maintenant un grand nombre de dactylographes, mais ils payent excessivement mal : soixante, quatre-vingt, cent ou cent-vingt francs par mois ! Quelquefois, pourtant, ils nourrissent à midi. Enfin, les lettres qu'on écrit sont toujours les mêmes et les correspondantes ne sont guère que des manœuvres. L'idée d'un minimum de salaire, l'idée que des personnes facilement remplaçables, mais dont cependant on utilise les services, ne doivent pas mourir de faim, n'a pas cours forcé encore. Quelques patrons, il est vrai, s'inspirent aujourd'hui de conceptions à la fois plus intelligentes et plus humaines. Ils ont à cœur de payer convenablement, de faire vivre tous ceux qu'ils occupent, même les plus infimes, mais on les trouve parmi ceux qui, dirigeant eux-mêmes leur maison et la surveillance de leurs services, sont en contact direct avec leurs employés.

Aussi, si les parents de notre jeune fille sont sages, renonceront-ils aux ambitions trop vastes. Ils chercheront une maison moyenne où l'on occupe juste trois ou quatre sténographes; elles sont rares. Maintenant que, de nouveau, on a fait pour « Petite » le sacrifice nécessaire, et qu'elle atteint ses dix-sept ans, voilà que partout on lui demande autre chose que ce qu'elle sait. Ou bien il faudra qu'elle se mette à tout : répondre au téléphone, copier les lettres, faire un peu de comptabilité, introduire les visiteurs. Quand elle a promis de faire tout cela, il peut arriver qu'on ne la prenne pas encore. Il est rare qu'un commerçant ait un besoin absolument urgent du nouvel employé qu'il réclame; d'autres assurent le service en attendant, aussi le patron se réserve-t-il le temps de choisir, et notre jeune fille s'effare. Elle est à charge, elle le sent bien, et elle n'aurait jamais cru qu'il fût si difficile de trouver une place quand on est remplie de bonne volonté. Et on l'accable de recommandations nouvelles : Elle devra avoir de l'initiative; elle devra surtout chercher à comprendre : car la machine à écrire, ce n'est pas l'aiguille de la couturière, ce n'est pas la pince à gaufrer de la fleuriste, dont nulle autre qu'elles ne sait se servir comme elles. La machine à écrire, tout le monde en fait; un enfant peut taper sur le clavier et donner des copies parfaites; et l'outil de la petite employée, celui qui lui appartient en propre, c'est sa jeune cervelle.

Au Bureau

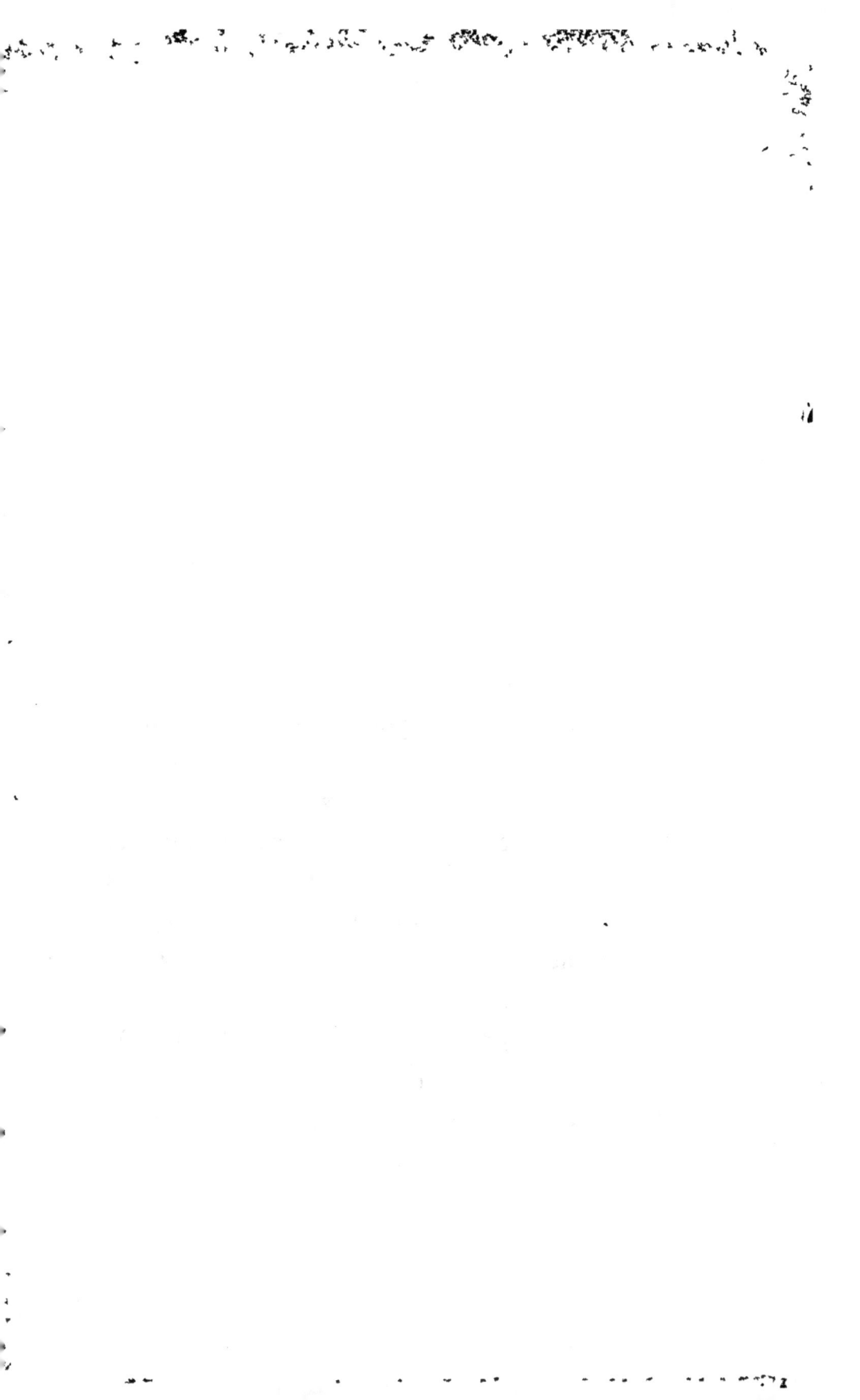

La journée de travail est-elle moins dure pour l'employée que pour l'ouvrière? Comme nous l'avons vu, sa durée peut être extrêmement variable. Les employées d'administration ou de banque ne travaillent même pas huit heures. Les sociétés de mines souvent ferment à six heures du soir. Par contre, les négociants en grains ou autres denrées alimentaires gardent volontiers leurs dactylographes jusqu'à sept heures et demie. De même font les maisons de commerce qui ont des courtiers occupés à rechercher les affaires en ville; on dicte les lettres quand ils rentrent, les clients les retiennent, et aussi quelquefois, leur partie de manille au café. Mais les moins favorisées, assurément, sont les vendeuses dans les magasins, petits et grands, de vente au détail.

Leur journée partout est d'au moins dix heures. Elles ont obtenu, il n'y a pas bien longtemps, le droit d'utiliser les chaises autrefois réservées aux seules clientes; mais aux heures où les magasins sont déserts, il reste le « déplié » (remise en ordre des vêtements défaits) et pour cela encore il faut être debout. Défendre à ces pauvres femmes de s'asseoir était une barbarie bien inutile; s'asseoir, elles n'en ont guère le loisir, au moment de la saison. Enfin, si les halls des grands magasins sont vastes, l'atmosphère qu'on y respire n'en est pas moins très vite rendue malsaine, malgré l'aération, par la poussière qui émane des tapis incessamment foulés, des étoffes qu'on ploie et déploie. C'est ainsi que les vendeuses acquièrent ces faces de papier mâché qui font prendre en horreur les robes luxueuses plaquées à « leur chair morte », et les odieux petits souliers aux talons de torture. Avec la mode actuelle, elles n'ont plus, comme l'honnête et vaillante Denise du *Bonheur des Dames*[1], la ridicule mais salutaire ressource de conserver aux pieds les vieilles et lourdes, mais plates bottines rapportées de leur province.

Quant aux magasins de moindre importance, certains d'entre eux sont de véritables tombeaux. Ils sont au rez-de-chaussée, et, derrière leurs étalages éblouissants, des jeunes femmes, des jeunes filles, s'étiolent ainsi que des arbustes transplantés au fond d'une cave. Par les jours de grand soleil seulement, quelque hardi rayon peut s'introduire entre deux étagères, mais aussitôt on baisse les

1. Zola.

stores, car si l'air et le soleil mettent des
roses aux joues, ils font craquer le verni des
bottines et brûlent les étoffes ; aussi, la plupart du temps, s'agite-t-on à l'intérieur, sous
la clarté d'un bec de gaz ou d'une lampe
électrique. Et à cela, il n'y a pas de remède ;
la réduction de la journée de travail apparaît
comme le seul soulagement possible.

Pour les magasins de gros, les bureaux de
comptabilité et de correspondance, il y a des
lois et, tout comme l'industriel, le commerçant
est tenu de loger convenablement ses employés. Le fait-il ? — Le bien-être de l'employée, comme celui de l'ouvrière, dépend à
la fois de l'humanité de ceux qui l'occupent
et de la cherté des loyers. Or, si l'inhumanité
est rare, les loyers sont hors de prix. Les
maisons bâties pour le commerce ne sont encore que fort peu nombreuses ; le commerçant doit s'accommoder d'un ou plusieurs
appartements adaptés tant bien que mal à

leur nouvelle destination. S'il dispose de quelques belles pièces donnant sur la rue, il les utilisera pour ses propres bureaux, non pas tant pour lui que pour l'effet à produire sur ses visiteurs.

Ce qui manque le plus à l'employée, c'est l'air et le mouvement. En effet l'apprentie (et même quelquefois l'ouvrière) fait des courses pour des livraisons, des rassortiments; et ce n'est pas un mal, si elle en fait peu. Une promenade d'une demi-heure, ou même d'une heure, cela coupe la longue journée de travail et permet à l'enfant de dérouiller ses jambes et de redresser ses épaules. Quant aux propos qu'on peut entendre dans la rue, la jeune « arpette » parisienne ne les craint pas; si sa famille est convenable, si sa tâche lui est chère, elle ne les écoutera que pour en rire, en les rapportant. Elle sait se défendre et, en termes manquant parfois de mesure, remettre vivement les imbéciles à leur place. Souvent encore, l'apprentie et l'ouvrière déjeunent dans un réchaud [1], dans un restaurant, dans un square, au Jardin des Tuileries. Si elles peuvent déjeuner à l'atelier, elles se hâtent afin de sortir après le repas; mais pour l'employée, c'est tout autre. On ne fait pas de courses, les grands magasins nourrissent leurs vendeuses, au moins à midi; certaines grandes administrations exigent qu'on mange au bureau ou à la cantine, et ne permettent de sortir que sur autorisation spéciale; la petite employée de commerce libre souvent demeure trop loin pour aller déjeuner chez elle. Même si elle a deux heures, elle ne fera pas la course à pied — ces jeunes filles n'aiment point à marcher — et quatre voyages par jour, en « métro », en autobus, cela vraiment deviendrait très onéreux. Elle est trop

[1]. Réchaud de Midi, rue du faubourg Saint-Honoré; les ouvrières ou employées ont droit au gaz pour dix centimes et peuvent faire chauffer leur déjeuner.

jeune, ou trop timide, ou trop pauvre, pour
déjeuner au restaurant ; force lui est donc de
déjeuner au bureau dans quelque ancienne
cuisine ou cabinet de débarras.

Et cela certes n'est pas un mal, non plus,
puisqu'elle peut ainsi, si elle le veut, se donner une nourriture plus saine. Pour huit sous
on a une cotelette ; deux sous de légumes,
deux sous de dessert, un sou de pain, un peu
d'eau rougie, une tasse de café, et on a déjeuné pour soixante-quinze ou quatre-vingt
centimes. Seulement, nos employées sont des
demoiselles. Elles n'aiment pas à faire la cuisine et rougissent de devoir laver leur assiette !

Or, au restaurant, même en dépensant vingt
sous, on ne déjeune pas du tout. Le restaurateur ne gagne pas sur la nourriture ; il se
rattrape sur la boisson. Un grand nombre de
restaurateurs ont même pris l'habitude de
grever de dix centimes tout repas pris sans

lait, ni vin. Ce n'est rien pour eux que cent repas servis à des buveurs d'eau, mais c'est beaucoup si c'est aussi cent « chopines », et nos jeunes filles mangent peu et boivent encore moins. C'est donc une erreur que de fonder des restaurants de dames seules. Ils ne peuvent vivre par eux-mêmes ; il est impossible de les fréquenter longtemps ; ils deviennent fatalement, ou plus chers, ou plus mauvais que les autres, s'ils veulent éviter la fermeture ou la faillite. Là où le restaurateur est assuré d'une clientèle masculine, la nourriture est à la fois plus variée et plus fraîche, simplement parce que la consommation est certaine et qu'ainsi on ne craint pas les approvisionnements : ce qui vérifie ce phénomène que nous ignorons trop : Partout où les gens aiment à bien vivre, non seulement ils se donnent leurs aises, mais ils en répandent le bienfait autour d'eux, sans le savoir, sans le vouloir, par la seule force des choses.

Pas plus que l'ouvrière, la jeune employée
n'aime à bien vivre; manger lui paraît une
opération ennuyeuse, manger beaucoup, est
à ses yeux inavouable et indélicat; mais
l'ouvrière, autant qu'elle le peut, sort, s'a-
gite et respire : c'est un besoin de sa nature
auquel le souci des convenances n'oppose
heureusement point de digue. L'employée
souvent ne sort pas après le déjeuner, même
si cela lui est permis. Tout aussi soigneuse
et coquette que l'ouvrière, elle est moins pri-
mesautière et plus économe; et, pour son chapeau, elle craint le soleil comme la pluie. Cela
lui fait plaisir qu'on se retourne et qu'on la
remarque, mais elle ne se l'avoue pas à elle-
même, car elle sait que cela n'est pas convenable. Elle n'aime pas à sortir en « bandes »,
et seule, dans la rue, comme au restaurant,
elle craint les hommes et leurs vilains propos.

Avant d'aller au dehors, elle ne les con-
naissait pas. Ceux qu'elle voit maintenant lui

apparaissent d'une tout autre espèce que son père ou ses frères et, pour tout dire, au point de vue de la morale sexuelle, (le seul qu'elle sache considérer), d'une espèce bien inférieure. Les hommes mariés, courtiers ou voyageurs, assez souvent ne sont pas sérieux. Les hommes non mariés laissent voir qu'ils tiennent le mariage en médiocre estime; ils ne s'y résigneront que par nonchalance. Et eux aussi manquent de mesure dans leurs expressions; mais les clients les dépassent.

Qui voudrait, pendant une semaine, prendre la place d'une petite jeune fille mise au service du téléphone dans une maison de commerce de luxe, serait grandement surpris de la brutalité, de la grossièreté, voire de l'obscénité des propos qu'elle doit entendre. Et ceux qui s'expriment ainsi ne sont pas des subalternes, ce sont des clients, des bourgeois, des gens qui ont des femmes et des filles, des employées et des domestiques. A quel besoin

obéissent-ils en se débarrassant ainsi des in-
sanités qu'ils ne s'arrogeraient pas le droit de
dire chez eux? Ils font comme ces Parisiens
qui s'en vont déjeuner sur l'herbe; ils rougi-
raient de manger sans serviette, mais ils pol-
luent les pelouses de leurs détritus. Le travail
trop longtemps a été comme une sorte de
punition imposée aux pauvres pour qu'il n'en
reste pas quelque préjugé, et, aux yeux de
beaucoup, la femme condamnée à travailler pour vivre demeure encore une paria.
On se permet tout avec elle; ou bien, on la
plaint, si on a bon cœur. La respecter? peu
savent ce que c'est.

Pourtant, les demoiselles du téléphone, qui
ont souvent à souffrir de la nervosité des
quatre-vingt-dix abonnés à qui chacune d'elle
doit répondre, peuvent protester, et elles ne
s'en sont point fait faute; elles ont obtenu des
améliorations sensibles dans le langage des
plus irascibles de leurs persécuteurs; mais un

client est un despote, et une infime petite employée de commerce ne peut pas plus rabrouer
un client, que la vendeuse exténuée ne peut
se soustraire aux capricieux vouloirs d'une
horripilante mondaine.

Certainement, les mêmes hommes capables
de traiter la personne « *qu'ils ne voient pas* »
avec une si cruelle désinvolture seront également susceptibles de politesse, d'amabilité, et
même de patience quand ils la connaîtront.
La jeune fille ne s'en rend point compte ; elle
le devinera plus ou moins vite, selon qu'elle
est plus ou moins fine. Pour l'instant, elle
comprend nettement qu'elle est quantité négligeable ; c'est là sa première surprise, la
première tristesse qui étreint l'enfant gâtée,
habituée à tenir la plus grande place dans les
soucis de la famille.

Au bureau, nul ne la ménage plus particulièrement qu'une autre. Les représentants,
les courtiers, les voyageurs, les comptables,

les chefs de service entrent et sortent, donnent des ordres contradictoires, tapent les portes, crient tous à la fois. Très souvent, on ne l'appelle pas, on la sonne; puis, quand elle survient, un client ayant été introduit, le patron s'étonne de sa venue et déclare n'avoir rien à lui dire. On la gourmande si, au téléphone, elle n'obtient pas assez vite une communication, et il est des heures où tout le monde, du dedans comme du dehors, veut téléphoner à la fois. On la pousse si, accroupie devant un classeur, elle ne se relève pas assez tôt. On jure si elle rapporte, sortant du copie de lettres, une page trop mouillée et pleine de bavures. Avec tout cela, ces messieurs ne sont pas méchants, et tel qui s'est emporté, la voyant qui sanglote, immédiatement s'excuse :

— « Ça vous fait tellement d'effet? Je regrette, mais ce n'est pas de ma faute. C'est le régiment; avant le régiment, je n'étais pas comme cela, mademoiselle. Maintenant, ça m'échappe, même devant ma sœur. »

Il faut donc en rire quelquefois? Mais voici qu'on lui conte que celle qu'elle remplace a été renvoyée parce qu'elle riait trop, de tout son frais visage et de toutes ses dents. Il n'est pas bon d'être jolie. Dans les maisons qui ne sont pas sérieuses, cela ne vous vaut, qu'on résiste ou qu'on se soumette, que des succès éphémères. Le patron, le directeur, le chef de service, assez imprudent pour s'amouracher de sa subordonnée, ne la conserve pas, sa flambée éteinte. Elle n'obéit plus, elle n'est pas discrète, son exemple suffit à disloquer tout un service, elle devient une gêne. Dans les maisons sérieuses, on craint les personnes trop remarquables; elles occasionnent des distractions; on suppose qu'elles travailleront sans zèle, qu'elles quitteront le bureau à brève échéance. Une jolie personne doit se mettre mannequin ou vendeuse.

AU BUREAU

Au bureau, on exige de l'employée des qua-
lités moyennes. Il faut être plaisante et avoir
bon caractère; être exacte et déférente, sans
pousser la déférence jusqu'à l'obéissance pas-
sive. De l'initiative, voilà ce que tous les di-
recteurs réclament; mais il faut bien se garder d'en avoir à mauvais escient, et c'est le
difficile. Sait-on de quoi il s'agit? Le commerce est un art de diplomate. Il faut être
soigneuse; il faut aussi être vive, et ne pas
perdre la tête, même si quelque grand chef,
debout auprès de la machine, attend avec im-
patience la lettre qu'on commence à peine, et
s'étonne si les pauvres doigts s'arrêtent de
courir sur le clavier. C'est un mot, un terrible
mot qu'on ne peut pas relire; c'est un simple
mot qui vous jaillirait de la tête, si seulement
le grand chef ne vous regardait pas, un mot
qu'il vous souffle sans qu'on devine si c'est
qu'il vous plaint ou qu'il vous trouve bête.

Il y a les heures mornes où l'on n'a rien à

faire. Souvent la nouvelle venue n'était pas absolument requise, et ses compagnes l'ont accueillie avec « la sourde hostilité des gens à table pour les faims du dehors » [1]. Si on prend ainsi une nouvelle, cela signifie qu'il n'y aura pas d'augmentation pour les autres. Cependant, les compagnes de bureau s'humanisent plus vite que les vendeuses de grands magasins. Ici, il n'est pas question de « guelte », et la concurrence n'est pas immédiate. On se sent plus rapidement solidaire, on s'arrange pour n'avoir point l'air de bâiller aux corneilles, et on saute de joie si un placier rentre avec des lettres à « prendre », si quelqu'un apporte des copies à se partager.

Toutes ces jeunes filles sont courageuses ; l'oisiveté leur est pesante. « La paresseuse », celle que le découragement a gagnée à force de traîner de boîte en boîte, « l'intrigante », qui a trop expérimenté que les hommes ac-

1. *Au bonheur des dames*, Zola.

cordent volontiers toutes facilités à celles
qui se placent sous leur protection et qui
les flattent, se rencontrent sans doute, mais
elles sont l'exception. La bonne camarade-
rie l'emporte; les besoins du travail sont là
qui pressent et orientent les doigts et les têtes, et les vains désirs se tassent au fond des
cœurs. La jeune fille, beaucoup plus que
l'homme, est susceptible de prendre l'intérêt
de celui qui l'occupe, surtout s'il est humain
et délicat. Elle lui voue alors une sorte de
reconnaissance passionnée, et c'est naturel.
Tout est facile et sera toujours facile contre
qui ne sait pas se défendre; aussi, comme
l'explique le grand et faillible Jean-Jacques,
« il faut mettre au compte des bonnes actions
l'abstinence du mal qu'on est tenté de com-
mettre [1]. »

Et peut-être se mélange-t-il à cette reconnaissance un peu de ce besoin de dévouement

1. *Confessions.*

qui est au fond de l'âme de toute femme nor-
male; besoin de se dévouer, non pas à l'homme,
mais à ce qu'il y a de plus grand dans l'homme
et de plus doux dans la vie : l'effort désinté-
ressé qui voit plus loin que soi-même.

L'EMPLOYÉE
DE COMMERCE A PARIS

Sans Place

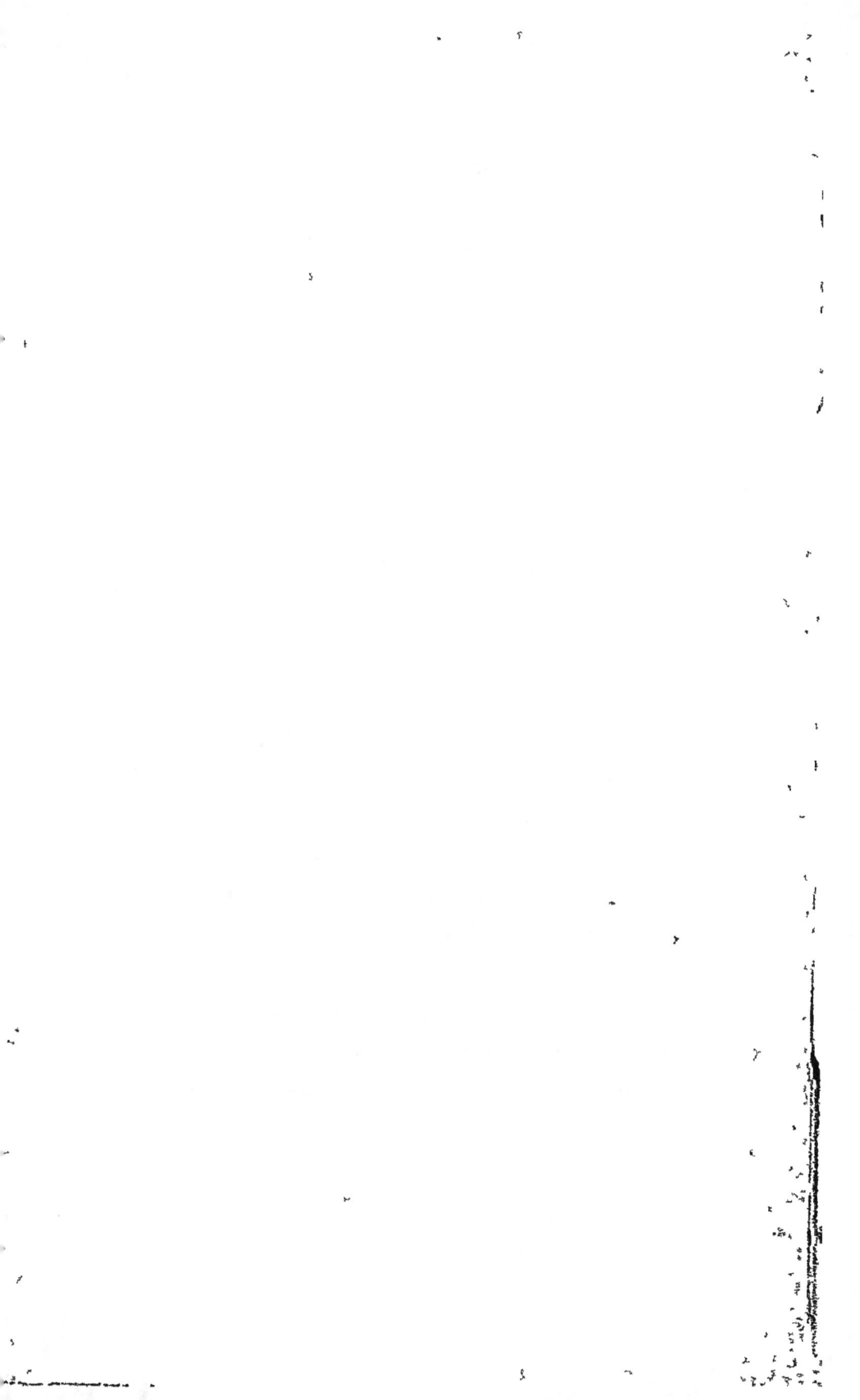

Il est encore une catégorie de femmes et de jeunes filles qui viennent demander au commerce des moyens d'existence : ce sont les déclassées de la bourgeoisie, et l'abbé Sertillanges, qui paraît les regarder comme les seules véritables féministes, s'écrie à leur sujet dans son si libéral ouvrage : *Féminisme et Christianisme* :

— « C'est la question du pain qui fait le triomphe du féminisme ; sans quoi on dirait aujourd'hui ce qu'on disait hier : Idéologie ».

Mais la question du pain n'est pas plus nou-

velle pour la femme que pour l'homme. De
tout temps, les paysannes, les femmes pauvres des villes ont travaillé et très durement
travaillé. Il fut même des pays où la jeune
fille faisait commerce de son corps afin d'ac-
quérir l'argent nécessaire à sa mise en ménage. Il en est encore où la fille mère capable
d'aller à Paris comme nourrice ramasser un
petit pécule est plus sûre que toute autre de
trouver un épouseur [1].

S'indigner serait bien inutilement hypo-
crite. Nous savons fort bien que nombre de
mahométans, soi-disant polygames, se contentent d'une seule femme par raison d'économie, tandis que nombre de parisiens, monoga-
mes, sont assez riches pour entretenir, outre
leur femme légitime qui souvent leur apporta
beaucoup d'argent, une ou deux maîtresses
et ne s'en privent point. La noblesse et la
bourgeoisie se sont vues de tout temps con-

1. *Voyage en France*, Centre, A. Dumazet.

traintes de donner des dots à leurs filles. Prêcher contre la dot, contre le célibat, réclamer l'amour dans le mariage, fut toujours vain et demeurera inefficace tant qu'un fait subsistera : c'est que l'homme jeune, qui commence la vie, est incapable le plus souvent de subvenir par ses seuls moyens aux besoins d'un ménage, et des raisons d'ordre économique dominent et domineront longtemps encore, dans le mariage et hors du mariage, les rapports entre l'homme et la femme.

Mais alors que le fait pèse peu chez l'ouvrier, chez le paysan non propriétaire, chez les gens très pauvres où la jeune fille aide au travail, où les parents souvent font chez eux une place aux jeunes époux, recueillent la mère et l'enfant si le jeune homme n'a pas encore fait son service militaire, partout en un mot où le respect des convenances extérieures et l'amour de l'argent ne l'emportent pas sur l'amour de la vie, il en va tout autrement dans la bourgeoisie petite et moyenne.

Il est certain, comme le remarque l'Abbé Sertillanges, que l'écrasement du petit commerce, de la petite industrie, l'abaissement du taux de l'argent, ont pu contribuer à augmenter le nombre des filles sans dot ou à dot devenue insuffisante. Autrefois, le petit commerçant choisissait soigneusement son gendre pour être son successeur; aujourd'hui, les gendres manquent d'enthousiasme; la maison menace de n'être qu'une charge supplémentaire [1]. Ce petit commerçant, s'il avait un fils, rêvait d'une bru dont la dot lui permît de donner de l'extension à ses affaires. Aujourd'hui, ce même commerçant, dégoûté du commerce, lance et son fils et sa fille vers les carrières libérales; mais le fils a toujours besoin d'épouser une fille dotée. On ne se marie pas parce qu'on s'aime, on se marie pour « s'établir »; avocat ou médecin, etc., ne faut-

1. Voir *Au Bonheur des Dames*, Zola.

il pas de l'argent pour cela ? — Oui, beaucoup d'argent, et comment décevoir les parents qui se saignèrent afin de voir leur fils « arriver »? — Si les fils ont des chances, on voit bien que les filles sans argent n'en ont guère, car le médecin, l'avocat acceptent bien que leur femme leur apporte de la fortune, mais ils n'acceptent point de voir leur femme travailler. Aussi les filles restent filles et, si elles en souffrent, elles n'ont pas le droit d'en parler.

La fille sans dot pourtant n'est pas non plus chose nouvelle. Quand les fils aînés réclamaient la plus grande part des soins et des ressources de la famille, parce qu'il y avait le rang à tenir, quand il était d'usage de célébrer les noces avec un faste indiscret et onéreux qui nous répugne de plus en plus, quand les guerres détruisaient des milliers d'hommes, les filles en âge de se marier étaient-elles bien favorisées ?

Mais elles avaient d'autres ressources que

le mariage. Si elles étaient de qualité, on les
envoyait à la cour. Belles, elles couraient la
chance de « lever » un amant royal ; ou elles
restaient à la maison, ou elles allaient au cou-
vent et leur situation y était difficile. — « Il
s'est trouvé des filles, dit Labruyère [1], qui
avaient de la vertu, de la santé, de la ferveur
et une bonne vocation, mais qui n'étaient pas
assez riches pour faire vœu de pauvreté dans
une riche abbaye ». — Mais les couvents n'é-
taient-ils pas encombrés de néophytes ? Aussi
la fille pauvre n'y entrait-elle que comme
femme de charge ou sœur tourière. Du moins,
de sa douleur, de son humiliation, nul écho
ne parvenait-il au dehors, et il en était de
ses plaintes comme de la dernière prière de
l'emmurée agonisante dans la pierre vive du
vieux château fort. De nos jours, la fille pauvre, quoique bien née, travaille, grâce à l'instruction obligatoire qui lui a ouvert une car-

1. *Les Caractères,* (De quelques usages.)

rière, grâce à la science, au progrès, à l'industrie, au commerce ; et, si le monde s'occupe
d'elle, c'est qu'elle est devenue une puissance
active.

Ce n'est que depuis très peu de temps,
hâtons-nous de le dire, que ces jeunes filles
s'orientent vers l'industrie et le commerce.
Demain, il faut s'y attendre, elles se résigneront au travail manuel et peupleront les écoles
professionnelles ; mais peu de parents encore
sont assez intelligents pour se décider, alors
que la jeune fille n'a que quinze ou seize ans,
à la laisser entreprendre une carrière positi-
vement lucrative. Chacun s'obstine contre
toute évidence et élève l'enfant en vue d'un
beau mariage et d'une destinée paisible. Plus
tard, on rêve pour elle de l'enseignement ou
d'une carrière dite « libérale », art, musique,
littérature, et tout cela n'est que rêve. Pour
l'enseignement, le nombre des postulantes a
dépassé toutes prévisions, et l'art, chez la

femme, comme chez l'homme. demande un tempérament exceptionnel ; mais l'antique préjugé des hautes classes contre le travail dit « salarié » prétend contrecarrer les forces de la nature, et voilà la première cause de cet encombrement de déclassées qu'on trouve en toutes carrières, car elles se vouent à toutes, n'ayant d'aptitudes définies pour aucune.

Il est une autre cause plus douloureuse, et profonde. Le travail manuel, le travail de bureau n'utilisent point ce besoin de maternel dévouement que les plus nobles ambitionnaient de satisfaire en se chargeant de l'éducation des enfants. Ils n'accaparent point comme l'art toutes les forces vives de jeunes êtres que l'amour impossible laissera inapaisés ; or, s'il est vrai que la vie de l'artiste n'est que trop souvent anormale, dans ce monde où toute nouveauté déconcerte des habitudes, l'anomalie n'inspire personne, elle stérilise et ne crée que des cœurs aigris, hallucinés par le mirage des chances de paix, de gloire ou de fortune qu'ils ne surent s'attirer. Saint-Paul a eu bien tort de dire que la virginité est supérieure au mariage, à la seule condition de se proposer un développement plus heureux de la personne [1]. Pour se développer, on ne saurait souhaiter de demeurer incomplet. Seuls les êtres très résistants peuvent supporter la vie anormale; la choisir de son plein gré, en pleine jeunesse, c'est faire montre d'une fatuité qui peut n'être qu'une erreur grave.

Pourtant, il est peu d'enfants capables de l'ingénue et courageuse franchise de cette jeune fille dont Mademoiselle Aron nous conte l'histoire [2] : « Elle aimait trop les bêtes pour vouloir être autre chose qu'une fermière ». Pour la plupart, le milieu commercial ou in-

1. *Féminisme et Christianisme*. Sertillangès.
2. Rapport du Secrétariat Féminin de Placement, 30 juin 1912.

dustriel, tout autant que le milieu agricole, est terre à terre; elles le méprisent, et, par contre, il n'y est fait aucun cas des connaissances ou des tendances qu'elles prétendent y apporter. Il importe peu au commerçant, au chef d'usine, que sa sténographe ait son brevet supérieur. Il est souvent très instruit lui-même et sait parfaitement qu'on peut être diplômée sur toutes les coutures et faire des fautes d'orthographe. A notre époque, l'instruction, de plus en plus répandue, tend à ne pas plus conférer de privilèges que le capital inerte. C'est à ceux qui la reçurent de l'aimer de cette affection que l'avare porte à son or, et béni soit le jour où tous la posséderont comme un trésor intime; car elle est une sorte de matière radio-active et rayonne sans s'épuiser. Mais ce qu'il faut en attendre, c'est qu'elle nous mette en mesure de répondre à ce qu'on nous demandera et non pas qu'elle nous gêne pour accomplir la tâche présente qui ne réclame pas tout notre savoir. Toute tâche exige de la bonne volonté, et quiconque dédaigne le travail dont il s'acquitte manque de bonne volonté.

C'est parce qu'ils le savent que certains patrons refusent celle qui leur apporte de trop élogieux certificats :

— « Oh ! oh ! disent-ils, vous êtes trop forte, cette place ne peut vous convenir ».

Ils ne sont pas ironiques, ils sont sincères, et il est vain de leur répondre :

— « Mais je me contenterai de ce que vous pourrez me donner ».

Ils n'en croient rien et ne veulent rien promettre. La femme de vingt cinq ou vingt six ans, plus peut-être, qui a pâli sur des livres d'études dans une pensée intéressée, peut-elle s'astreindre à une tâche ingrate, sans compensation et sans grandeur, pour un gain qui permet juste de ne pas mourir de faim ? Le peut-elle sans que chaque heure de sa journée

laborieuse lui apporte avec chaque symptôme
de fatigue une nouvelle raison de découragement ? Elle le tenterait, et voilà qu'on la refuse.
Mais la chance lui sourira-t-elle chez ce fabri-
cant d'automobiles qui l'a fait venir jusqu'à
la Porte-Maillot ? — Là, un monsieur jeune et
correct l'écoute en hochant la tête, prend son
nom et son adresse :

— « C'est bien, on vous écrira. »

Quand ? — Peut-elle espérer ? — Mais le
monsieur répète :

— « On vous écrira. »

Ostensiblement, il fixe une pancarte placée
bien en évidence portant en gros caractères :
« Soyez brefs, vos minutes sont précieuses
comme les nôtres. » — Et il reprend sa cigarette, tandis qu'elle repart rouge et confuse,
songeant qu'elle peut voir ce jour encore un
commissionnaire dans le quartier de la rue
d'Hauteville.

Elle sait bien l'anglais, mais :

— « Tout le monde sait l'anglais, lui répond cet homme qui n'en a que faire, connaissez-vous l'espagnol ? C'est étonnant que ni les unes ni les autres, vous ne veuillez apprendre l'espagnol. »

C'est bon, la voici partie pour Grenelle. Sait-elle l'allemand ? On lui donnera cent vingt francs par mois. Et la postulante demeure stupéfaite.

— « Je ne peux pas, Monsieur, pour cent vingt francs savoir l'allemand ».

Mais si ; cet homme le croit, et il en trouvera, et il pense que vous-même accepteriez si vraiment vous mouriez de faim ; il est de l'espèce qui attend celles qui meurent de faim. Il sait qu'ayant la pâtée assurée, elles ne partent plus pour chercher une place ailleurs, car cette recherche les brise. Elles sont filles et petites filles de gens honnêtes et prudents qui attendaient les clients sans jamais sortir de derrière leur comptoir. On en rencontre

encore, il vous font la grâce de vous servir ;
le monde peut changer, ils ne changeront
point et périront sous leurs coquilles. Leurs
timides descendantes sont souvent très capables, mais qui les arrachera à leur atavisme ?
Tel autre les prévient qu'il exige la tenue en
noir, pour rien, c'est son caprice ; et celui-ci,
ayant mis tout son monde à la porte, se venge
sur celles qui se présentent. C'est par cinquante que chaque matin devant lui on défile.
S'il vous essaye, c'est pour la joie bête de vous
démonter.

Tous ces déboires doivent être attendus ; ils
ne méritent pas d'être pris au tragique ; il faut
se garder d'une trop hâtive généralisation.
Comme les gens sérieux ne changent point
volontiers de personnel, l'employée qui cherche une place risque d'épuiser d'abord les de-
mandes des patrons versatiles ; mais à qui la
vie pourrait-elle sembler plus lourde, et l'effort plus dénué d'objet, qu'à cette fille ins-

truite, encore jeune, et sans emploi, terrifiée parce que ses gants se trouent, parce que ses bottines s'usent, et qui, à l'idée de ne pas payer son terme, se croit déjà presqu'une voleuse? L'ouvrière a plus de ressort. En contact de bonne heure avec les réalités du « pain quotidien », elle sent en elle sa vitalité entière, comme l'arbre a sa sève et l'oiseau son chant. Elle rêve qu'on l'aimera; avant tout, elle ne compte que sur elle-même. La jeune bourgeoise déclassée qui n'attend rien que du mariage, — en l'épousant, on la sauve, — ne sait-elle pas que son monde, resté prosaïque tout en devenant prétentieux, n'est pas un terrain bien préparé pour la germination des sauveurs?

Est-il possible d'aider les employées sans place? Quand on est de la partie, on se renseigne auprès de ses camarades, et on se recommande à tous ceux qu'on a pu rencontrer au bureau; on s'inscrit aussi dans les maisons de machines à écrire. On va voir son ancien professeur et le secrétaire de l'association professionnelle dont on fait quelquefois partie. Il y a aussi le Secrétariat Féminin [1] de placement très heureusement fondé par madame L. Cruppi dans le but d'orienter les hésitantes; mais la solution définitive, c'est évidemment le syndicat professionnel.

Les employées des grands magasins et des administrations importantes y viendront aussi certainement que les ouvrières des manufactures. La vie qui les condamne à « se sentir les coudes » leur impose les mêmes servitudes, les mêmes vexations; mais il en est des employées libres de commerce comme des couturières ou des modistes. Aujourd'hui ici, et demain ailleurs, s'ignorant d'une maison à l'autre. Pour les réunir, il faudrait choisir celles qui peuvent soutenir leurs exigences parce qu'elles ont des aptitudes. Elles ne sont

1. 55, rue Saint Jacques.

qu'un très petit nombre, absorbées, annihilées par le nombre considérable des autres qui ne savent rien ou presque, ne travaillent qu'en attendant et se contentent d'un salaire d'appoint.

Ne médisons pas du salaire d'appoint. Il a été notre première arme ; il demeure la seule arme possible aux mains de milliers d'autres. Ne crions pas trop haut que les femmes ignorent la solidarité. Les travailleurs ont-ils appris la solidarité en un jour ? Longtemps ne se sont-ils pas battus autour des chantiers pour le travail, pour le pain, comme autrefois pour la proie, loup contre loup? Mais la femme prolétaire doit s'affranchir, et des préjugés qui l'accablent parce qu'elle est pauvre, et des conventions qui l'emprisonnent parce qu'elle est femme, et des sentiments qui la paralysent parce qu'elle est tendre.

A la jeune fille, si embarrassante hier, souvent la famille maintenant demande du secours; de plus en plus, la sœur remplace le frère aîné, aide à élever les plus jeunes, prend en charge la mère malade ou impotente. Cela s'est fait avec une telle promptitude qu'on se demande si vraiment la plus parasite des espèces n'est pas l'espèce humaine. Malheur à qui montre qu'il dispose d'un peu de pouvoir! Tous s'agrippent après lui. Et la jeune fille se laisse faire, car seule une tâche immédiatement chère à son cœur lui apparaît vraiment utile; mais la famille encore ne veut pas qu'elle s'évade, pas plus vers la solidarité que vers le mariage ou l'amour. Si fortement que la tentent les idées nouvelles, la jeune fille est incapable, pour le triomphe d'une cause supérieure, d'imposer la moindre souffrance aux siens. Aussi, dès qu'elle a une place, ne s'occupe-t-elle plus des autres; elle ne vient plus aux réunions; elle ne paye plus sa cotisation; elle redevient l'aveugle, sourde, insaisissable représentante de l'égoïsme conservateur et familial.

Il en est de même de la femme, mariée ou non, chargée d'enfants. De cette femme, non plus, vous n'obtiendrez pas qu'elle hésite entre l'intérêt présent de ses petits et celui de milliers d'autres êtres; vous ne l'empêcherez pas de trembler à l'idée du renvoi possible, du lendemain hasardeux. Seul l'amour qu'elle porte au père est susceptible de lui inspirer quelque bravoure, une bravoure douloureuse qui exige le renversement des tendances de sa nature. L'égoïsme de l'homme et celui de la femme ne sont pas du même ordre. Chez la femme, c'est celui d'une fonction dont il a été dit : « La maternité est la souveraine inspiratrice de l'instinct, préposée à la permanence de l'espèce, d'un intérêt plus grave que la conservation de l'individu [1]. » La femme ne sacrifie rien à son propre appétit, mais elle sacrifie tout à ceux qu'elle aime,

1. *La vie des insectes*, H. Fabre.

— 159 —

toujours plus ou moins maternellement, et autour des siens volontiers elle ferait graviter l'univers. Ainsi ses besoins altruistes peuvent être satisfaits à bon compte et la misère extérieure ne l'affecte plus.

Enfin, il est extrêmement difficile d'obtenir des femmes qu'elles concertent leurs efforts pour le bien d'une idée émanant de l'une d'entre elles. Ce n'est pas l'effet d'une jalousie mesquine. Si ce n'était que cela, ce serait peu. Il n'est pas de jalousie qui ne cède sous la poussée d'un puissant intérêt, et les hommes, tout comme les femmes, sont sujets à l'envie haineuse. Ils se disputent et se syndiquent cependant. Mais la femme beaucoup plus que l'homme garde sa personnalité au travers de toutes les vicissitudes, en dépit de toutes les pressions ; elle la voile, et n'y renonce pas. Elle s'attendrit plutôt qu'elle ne s'enthousiasme ; pour la persuader, il faut la déraciner, et cela ne saurait être que bien

rarement au pouvoir d'une femme tenant
aux mêmes racines et qui apparaît toujours
quelque peu sacrilège.

Le syndicat des employées de Commerce,
fondé par madame Blanche Schweig, a réuni
néanmoins, malgré toutes les difficultés, plus
d'un millier d'adhérentes ; mais le syndicat
idéal, logique, c'est le syndicat mixte, grou-
pant sans distinction de sexe tous les intéres-
sés d'une même profession. Or, les hommes
ont commencé par ne pas vouloir des femmes.
Les statuts du Syndicat des typographes sont
opposés à leur admission [1], et il s'est trouvé
un syndicat de sténodactylographes hommes
pour protester parce que des femmes, leurs
concurrentes, étaient payées trop cher [2]. Si
donc les salaires masculins se sont trouvés
abaissés, du fait de la concurrence féminine,

1. *Bulletin de l'Union pour la Vérité*, 19 janvier 1909,
M. Keufer.
2. *Bulletin de l'Union pour la Vérité*, 19 janvier 1909,
M. Demartial.

la faute en revient aux hommes, et les femmes, de plus en plus, ont continué d'envahir
le champ de bataille où les deux partis semblent de jour en jour plus près de renoncer à
leur désastreuse concurrence [1].

1. Sur environ dix-neuf millions de femmes en France,
sept millions exercent pour gagner leur vie des professions diverses (y compris les ouvrières et les domestiques).

Les Jours de Congé

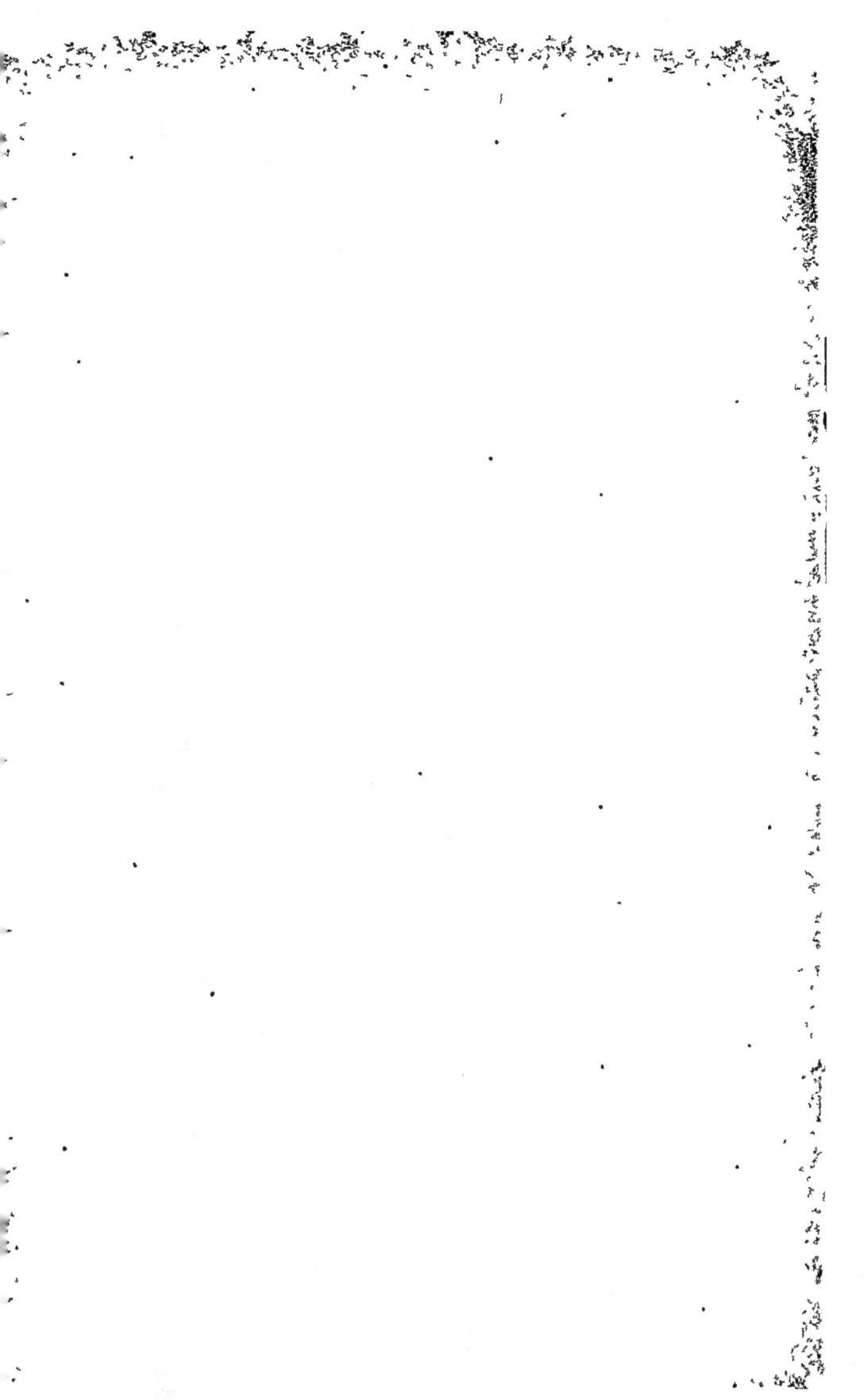

— « Quand elles nous arrivent, dit une sur·
veillante au téléphone, elles ont les joues
rouges et nous les regardons; mais trois mois
après, allez! elles n'ont vraiment plus besoin
de poudre de riz. ».

Pour comprendre à quel point l'air de Paris
est débilitant il faut avoir pris l'habitude
d'aller à la campagne, et connaître cette sen-
sation écœurante de la rentrée du dimanche
soir dans les trains combles qui rampent et
stationnent, ou « boivent des tasses » sous les
ponts enfumés, entre les hauts murs noirs de

suie, avant d'atteindre péniblement au cœur de la ville. Quand les gares seront-elles rejetées hors de son enceinte et quand auronsnous pour les atteindre purement et simplement des tramways électriques ? Mais les Parisiens d'il y a vingt ans ne connaissaient pas cet énervement. Ils ne sortaient pas; à peine allaient-ils au-delà des fortifications. L'employé, comme l'ouvrier, souvent travaillait le dimanche. C'est la bicyclette qui a été l'éducatrice des jeunes gens; elle les a lancés sur les grandes routes, elle les a grisés de la folie de l'espace. Ensuite, il a été de plus en plus difficile de les enfermer toujours et toujours dans l'aridité de leur tâche, et nous avons eu le repos hebdomadaire.

Les employées des Postes, Télégraphes et Téléphones, sont cependant des privilégiées; elles obtiennent des congés très facilement. Privilégiées aussi les employées d'administration ou de banque : partout on leur donne chaque année de quinze jours à trois semaines de vacances. Privilégiées les employées des grandes maisons de commerce : les patrons partout accordent de huit à quinze jours par an, et ces maisons, qui autrefois fermaient déjà le dimanche, prennent de plus en plus l'habitude de fermer le samedi à midi. On voit quels avantages présente ici encore la situation de l'employée sur celle de l'ouvrière. L'ouvrière chôme, elle ne se repose pas.

Il est cependant un grand nombre de petites maisons, ne disposant que d'un personnel restreint, qui n'accordent pas de vacances. Nombre de ces maisons autrefois restaient ouvertes le dimanche. De grands magasins, dont la clientèle se recrute parmi le peuple et la petite bourgeoisie. ne fermaient jamais. La loi du repos hebdomadaire accorde à leurs employés au moins cinquante-deux journées sur trois cent soixante-cinq. et les gens s'habillent tout de même, et dans le voisinage quelques pauvres mercières, marchands de parapluie, de voilettes ou de porte-monnaie, ont repris goût à la vie et le dimanche au moins peuvent jouir de l'effet de leurs étalages, face au monstre à la gueule close.

La portée morale de la loi, elle aussi, a été considérable. Elle est venue à son heure, elle a endigué en même temps que satisfait nos tendances à l'évasion, éveillées, surexcitées par la multiplicité des moyens de transport, par la propagande des compagnies de voyages, par l'exemple des heureux de la terre toujours en fuite sur de furieux bolides. Personne aujourd'hui, je pense, n'oserait soutenir qu'un travailleur ne doit pas se reposer ; mais il y a vingt ans, on trouvait de braves gens pour prétendre que le repos est néfaste, et c'était vrai : celui qui avait droit à une journée de loisir, par hasard, ne savait trop que faire de soi. N'ayant jamais une minute, qu'aurait-il pu apprendre à aimer ? Alors, il

traînait de droite et de gauche, et, le lendemain, l'immobilité, l'assiduité lui étaient pénibles, d'autant plus pénibles qu'était plus
lointaine l'espérance d'une nouvelle sortie;
mais maintenant la plupart se promènent; et
si le lundi on est moins en train, simplement
à cause de la fatigue du changement d'air, le
mardi déjà on a repris son assiette; le travail
n'est plus le collier de misère, et la perspective de ne rien faire n'a plus l'importance de
quelque aubaine surnaturelle, et d'ailleurs
décevante, qu'on envie surtout parce que d'autres la détiennent.

Enfin l'intrusion des femmes dans le monde
du travail, des femmes travaillant de plus en
plus hors de chez elles, a rendu nécessaire
une loi de repos. La femme qui travaille,
parce qu'elle est pauvre, n'en a pas moins la
responsabilité du ménage; comment pourrait-
elle l'assumer, si elle n'avait pas même un
jour à elle? Il est donc beaucoup de femmes

et de jeunes filles qui passent leur dimanche
à la maison, à ranger ou à coudre. De plus, il
ne faudrait pas conclure de ce que Paris, le
dimanche, est devenue une ville de silence,
aux endroits même où le tohu-bohu de la semaine ne permet pas de risquer un pied, que
nous ayons tous le goût de la nature. Il y a
aussi loin du goût de la vitesse et des dépla-
cements au sentiment de la nature que de
l'antique « draisienne » sans pédales, dont
s'amusent encore les enfants, à la bicyclette
de nos jours, et notre alerte petite bécane a
mis un siècle à sortir.

Le sentiment de la nature n'est encore le
fait que d'une bien minime élite parmi ceux
qui peuvent cependant la voir à volonté. Qu'on
aille à la mer ou à la montagne, les chalets,
villas, constructions diverses, plus ou moins
baroques ou reluisantes, attestent un mauvais
goût général. Tous ces gens-là ne sont que

des snobs, ils emportent de la ville tout ce qu'ils peuvent en emporter. Quant à l'ouvrière ou à l'employée parisienne toujours vivant, ou allant, entre des murs, elle n'est qu'un oiseau élevé en cage. Elle comprend les affiches et les cartes illustrées ; elle est déroutée par la perspective. Les choses très belles sont oppressantes ; son âme n'est point préparée pour les soutenir ; mais si elle n'aime que les fleurettes, l'air ne refuse pas pour cela de purifier sa poitrine, et elle est heureuse, naïvement, du bleu du ciel, du vert de l'herbe, du grand bruit de la mer près de laquelle pourtant on s'entend parler, et de cette clarté de l'immense horizon qui à chaque bout de rue la rappelle. Elle reviendra, l'esprit plus ouvert, la tête plus pleine de saines images, capable de s'intéresser à autre chose qu'à la toilette et d'échanger des souvenirs qui ne seront plus du vain bavardage.

Rares sont encore celles qui peuvent partir

à la campagne pour les vacances. Cela va
bien quand elles ont des parents en province,
et qu'il ne faut faire pour elles que les frais
de chemin de fer. Mais le prix d'un séjour à
la campagne est beaucoup trop élevé pour de
petites gens moyennement aisés. Le plus grand
nombre s'en prive. Des associations, des syn-
dicats existent qui organisent des parties et
des promenades, mais ils ne sont pas assez
nombreux. L'association des vacances populaires : l'Art pour tous, a pu en quatre an-
nées — 1908-1911 — accueillir juste dix mille
personnes dans sa station de Saint-Gilles près
des Sables d'Olonne. Si on considère que les
frais de séjour atteignent encore trente-huit
francs quarante-cinq par personne et par semaine, voyage compris, tout en reconnaissant
que c'est un prix prodigieusement bas, on
pense que ces dix mille personnes sont encore
des privilégiées dont il serait intéressant de
voir augmenter le nombre. Combien de fa-

milles de travailleurs, comprenant le père, la mère et deux ou trois enfants, peuvent chaque année s'imposer ce sacrifice?

Et les plus déshérités pour les vacances ne sont pas les pauvres qui ne peuvent s'enfuir, ce sont ceux qui ont trop de vacances, les employés des grands magasins de nouveautés notamment. Dès le mois de juin, de plus en plus on les déserte et on peut voir les vendeuses les bras ballants près de leurs rayons, ou assises enfin sur ces fameuses chaises qu'on ne peut plus leur interdire. Les grands stores de toile leur cachent même le mouvement de la rue, et dehors c'est le bel été brûlant et clair, mais on n'ose rien désirer. On range, pour avoir l'air de faire quelque chose. On sent, on devine l'inspecteur qui vous guette; on ne regarde même pas sa compagne; et puis, l'oisiveté, le silence, enfin, pèsent trop lourd, on dit quelques mots; alors c'est le rapport, et pour punition la mise à pied.

Celles-là ne s'évaderont pas, elles doivent se priver quand les autres se réjouissent; et ce n'est pas la première ou la seconde qui risquent ainsi la mise à pied. La première, la seconde ont souvent trois cent francs par mois de fixe, plus leur guelte de un pour mille, mais elles sont là depuis longtemps, protégées d'ailleurs, difficilement remplaçables. La mise à pied frappe les jeunes vendeuses, les nouvelles venues. Que gagnent-elles? quinze à vingt sous par jour de fixe, trois ou quatre pour cent sur les ventes, au total de quatre-vingt à cent cinquante francs par mois, suivant leurs capacités et la saison. Comment économiseraient-elles de quoi vivre en temps de chômage? Souvent avant d'entrer là, elles ont subi la pire misère. Pour atteindre le grand magasin, il faut des références; aussi ont-elles travaillé dans des maisons moyennes, dans les quartiers populaires; elles ont connu les journées de douze heures et davantage, les mauvais repas, elles ont fait les étalages. Elles ont connu les gains inférieurs à trois francs par jour, la perpétuelle terreur du renvoi, l'attente du facteur qui apportera enfin la lettre de convocation pour la place qu'on ambitionne; et le grand magasin, ce n'est pas encore la sécurité.

On ne s'étonne guère du manque de solidarité des travailleuses, quand on découvre quelques-uns des procédés employés à leur égard, dont le premier effet est de les mettre en concurrence et de les rendre ennemies les unes des autres. La mise à pied en forme de blâme, appliquée en temps de morte saison est un procédé horrible. C'est le pavé qui s'il n'atteint l'une doit atteindre l'autre; et tout le monde est sur le qui-vive; l'inspecteur est assuré de nombreuses courbettes et complaisances; il y a beaucoup de chances pour « qu'écope » toujours celle qui lui a donné des raisons de rancune. De là cet esprit venimeux et servile prêt à se faire valoir en rapportant contre les autres, qu'on trouve chez les personnes travaillant en masse et qui rend la vie collective difficile aux indépendants.

Les affaires ne vont pas mieux d'ailleurs parce que les gens sont plus abaissés, les intérêts des actionnaires n'en sont pas protégés davantage. Bien au contraire, ce sont les meilleures qui supportent le moins les vexations, et il est des magasins où les mises à pied, incessamment renouvelées et tombant sans cesse sur les mêmes, par suite de la mauvaise volonté systématique des inspecteurs et aussi parce que la clientèle, recrutée parmi les demi-mondaines, est très versatile, lassent finalement de courageuses jeunes femmes qui abandonnent la partie, renoncent au fruit de leurs efforts et retournent découragées à la lutte de chaque jour et aux métiers incertains.

Que peuvent-elles faire? Tous les magasins chôment à la même époque. Pour retrouver une place, il faut attendre le mois d'octobre. Ce n'est pas difficile, en apparence, d'entrer dans un grand magasin; il suffit de se présenter, de se faire inscrire, et on attend. En attendant, on essaye d'autre chose. Le métier de caissière est difficilement accessible, toutes d'ailleurs ne savent pas assez bien compter et écrire; les grandes maisons ne vous prennent que sur recommandation; les petits commerçants souvent abandonnent le soin de tenir la caisse à leur femme ou à leur fille; on ne trouve guère à se placer que dans des bazars, dans les quartiers excentriques où l'on exige de la vendeuse qu'elle « fasse l'article » et coure après les passantes, comme autrefois au marché du Temple. Il en est qui trouvent à tenir un vestiaire dans un grand café ou un music hall, ce sont les plus heureuses; elles ont trois francs en moyenne, plus le dîner, mais elles travaillent une partie de la nuit. Quant aux pourboires, ils ne sont pas pour elles, ils sont « affermés » à quelque capitaliste.

Il y a pire malheur. C'est dans les magasins où l'inspecteur étant surveillé lui-même par un autre inspecteur ne surveille plus mais cherche bien plutôt à démontrer qu'il surveille. A tout prix il lui faut des délinquantes, peut-être parce qu'il comble de largesses quelque protégée éprise de soieries ou de dentelles; aussi ne se contente-t-il plus de saisir une voleuse par hasard; mais il incite au vol, il tend des pièges, il relâche ostensiblement la surveillance, et il accuse au petit bonheur. Il faut avouer ou partir.

Il est d'autres maisons, sérieuses, où les employées sont mises en demeure, tour à tour, de prendre des vacances. Elles retrouveront leur place, mais elles ne sauraient songer à se distraire juste au moment où elles ne gagnent plus rien. Les économies qu'elles peuvent posséder représentent toute une série de petites privations continuelles dans ce Paris où tout, partout, vous tente tellement que des femmes riches en arrivent à voler ; mais notre jeune fille renoncera à sa robe d'été pour laquelle elle avait trente francs, à son chapeau de cent sous, à ses souliers dits « bains de mer » qu'elle avait rêvé de mouiller un peu de l'écume des vagues à l'occasion d'une de ces fêtes qui font « pont » et pour lesquelles il y a des trains de plaisir.

De quelque côté qu'on la retourne, on ne trouve pas de solution vraiment satisfaisante à cette grave question du chômage. La loi ne peut aucunement intervenir. Il est des maisons que leurs frais généraux accablent dès que les affaires baissent, et comment gouverner la mode ? Quant aux grands magasins, il est véritablement scandaleux que des administrations importantes, faisant chaque année de fantastiques chiffres d'affaires, consentent à jeter des employées dehors, pour réaliser sur le fixe très médiocre qui leur est alloué une économie ridicule.

Ce sont là procédés de subalternes. Le subalterne est responsable et il n'a pas droit à l'initiative ; il ne saurait donc, comme un patron, se permettre d'être humain à ses risques et périls. On lui ordonne de faire des économies, il fait son devoir ; il ne doit être qu'une machine, et il est moins qu'une machine, car n'ayant nul pouvoir de faire le bien, il garde celui de faire le mal, pourvu qu'on n'en sache rien et qu'il ne pressure que le plus faible. Bien mieux, cela se passe ici comme dans les compagnies de chemin de fer [1]. Si quelque chose ne va plus, il faut un coupable ou bien une victime ; autrement c'est l'inspecteur qui attrape « un blâme » et ce que comporte le blâme de conséquences désavantageuses.

1. *Le Rail*, Pierre Hamp.

Et qu'est-ce qu'une petite vendeuse? Si elle
est jolie elle pourra toujours découvrir un en-
treteneur ; si elle est quelconque, elle n'est
pas intéressante, ni à craindre pour personne.
Les grands chefs, elle ne les connaît pas. Il
en est d'eux comme de ces propriétaires qui
se déchargent sur des gérants, qui se déchargent sur des concierges, lesquels ne sont plus
attendrissables. Qu'ils soient bons ou qu'ils
soient mauvais, ils perdent leur place si tout
n'est pas parfait : aussi pas de pauvres, pas
d'enfants, pas d'ennuis, pas de réparations.
Le système n'est pas neuf, les rois de France
en ont usé. Ils s'assuraient leur argent et
aussi, pensaient-ils, la tranquillité, en affer-
mant les impôts.

Il serait vain, de plus, de compter sur les
ligues d'acheteuses, pour mettre jamais à l'in-
dex un grand magasin de nouveauté ou tout
autre fournisseur. Outre que le procédé a
quelque chose d'arbitraire et de déplaisant

et qu'il encourage la dénonciation d'une concurrence intéressée, il faut bien se dire qu'il
n'est pas une acheteuse sur mille capable de
renoncer à l'objet qu'elle désire ou qu'on lui
offre à meilleur compte, parce qu'elle se sent
solidaire d'inconnues qu'on opprime. Les
acheteuses de ce temps ont les magasins
qu'elles méritent, dont la profusion insolente
répond à un besoin général de luxe et de singularité qu'ils exploitent et exaspèrent; et la
femme est ainsi parce que l'homme la veut
ainsi. Tout est solidaire, mais nous commen-
çons à peine à comprendre ce qu'est la solidarité. Nous éblouissons nos voisins, nous ne
les aimons pas; et chacun fait ses affaires,
sûr et certain qu'il ne faut compter que sur
soi tout seul. Nos égoïsmes se sont révélés, à
mesure que s'effritaient nos croyances en des
protections supérieures et inefficaces; ils se
sont révélés ce qu'ils n'avaient cessé d'être:
naïfs et myopes; leur éducation est à faire,

et en attendant il faut les réunir par l'appât d'un intérêt, général, sans doute, mais immédiat.

A l'éducation des travailleurs, c'est la lutte de chaque jour qui pourvoit; et seul un syndicat professionnel, uniquement professionnel, peut interdire à ses membres de travailler au compte de gens coutumiers d'abus de pouvoir; et seul aussi il peut disposer pour les moins favorisés, des fonds d'une caisse de chômage.

Le Nid

L'amour, c'est la nouvelle inquiétude qui travaille notre jeune fille, après celle de se placer et de réussir. Mais que savons-nous de l'amour? Rien, sinon qu'il est un instinct capable de résister à toutes mesures coercitives, qu'il tend à libérer nos corps, nos cœurs et nos consciences de tout ce qui les opprime, qu'il semble une forme de ce tourment de l'absolu que ceux qui se laissent vivre ignorent, et sans lequel néanmoins toute vie se traîne sans beauté et sans grandeur, dans l'ennui et la lassitude.

Est-il donc des êtres assez favorisés pour reconnaître dès la première rencontre l'élu unique au monde et auquel la suprême joie serait de tout abandonner? Le prétendre serait méconnaître les complications extrêmes de nos vies sociales et oublier que cet élu auquel tout donner, si notre instinct le désire, nous, attachés que nous sommes à tant d'intérêts divers, nous ne le cherchons point. Ceux qui se jettent à sa tête ne prouvent guère que leur absence de scrupules, de liens affectueux ou de sentiments.

Les jeunes hommes, pour se protéger de l'amour ont la ressource d'user leurs ardeurs et leurs facultés d'affection par la débauche, les plaisirs faciles, les relations avec des créatures dont l'infériorité réelle ou supposée les autorise à n'avoir point de scrupules et les endurcit à l'égard de celles qui les intimident. Pour les jeunes filles, elles ont généralement une autre manière de marchander leur cœur.

Elles ne se refusent point à aimer, puisqu'aimer est leur raison d'être; mais elles s'ef-
frayent souvent outre mesure de tout ce qui
serait de nature à froisser l'affection qu'elles
portent aux leurs. De sang-froid, il en est peu
qui envisagent la possibilité de contrister un
père, une mère, un frère chéri. « O dieu ! est-
il quelque bonheur dans l'amour, tel que je
puisse oublier leur chagrin ? » peuvent-elles
se demander comme la Maggie de Georges
Eliot [1], et les hommes ne sont pas encore assez purs et francs pour que toutes puissent se
répondre : « Oui, s'il est l'amour ».

Pourtant, la jeune fille au début de la vie,
beaucoup plus que l'homme, s'imagine avoir
besoin du mariage. Tenue enfermée, elle
y aspire comme à l'air libre. Sans influence,
n'obtenant que bien rarement qu'on l'écoute,
sa grâce lui apparaît comme son seul pouvoir, et en user est une ivresse maintenant

1. *Le Moulin sur la Floss.*

qu'elle n'est plus assez enfant pour qu'on capitule devant ses larmes ; mais c'est une ivresse dangereuse. Les hommes qui ne craignent point de troubler une jeune fille, en lui montrant qu'ils la convoitent, n'ont guère à son égard que des intentions basses : ce qui la choquerait horriblement, si cela ne la consolait de l'indifférence générale dans laquelle elle se meut.

Malgré la vanité, un sentiment de gêne demeure qui grandira avec la clairvoyance. Ce qui froisse une jeune fille, c'est bien cette grossièreté qui la ravale au rang d'objet de plaisir, et ce n'est pas la masculinité en elle-même. La jeune fille, claustrée par la famille, ignore peut-être tout de l'homme ; mais la jeune fille appelée toute jeune à vivre avec des hommes n'a guère de préjugés à l'égard des réalités de l'amour et du mariage qu'elle soupçonne suffisamment pour n'en être point horrifiée. Et elle n'en est que

plus apte à juger de ses propres sentiments,
puisqu'aucune curiosité malsaine ne l'anime,
sans qu'il soit nécessaire pour cela qu'elle
fasse des expériences comme on l'a proposé.
Il faudrait tout au contraire que les hommes
prissent le parti de renoncer aux prostituées
qui les dégradent et qu'on leur conseille de
rechercher pour être sûr qu'ils ne se lieront
pas. Alors, ils comprendraient quelque chose
aux sentiments d'une jeune fille, parce qu'ils
les auraient éprouvés. C'est bien l'inconceva-
ble inconscience de son bellâtre de mari qui stupéfie, la nuit de ses noces, la pauvre héroïne
du beau roman de Maupassant : *Une vie.* C'est
cette inconscience qui la scandalise plus que
la singularité d'un acte qu'elle est cependant
trop bien élevée pour penser même à
prévoir. Pour l'homme qui s'amuse, l'amour
n'est pas un sentiment grave, ce n'est même
plus un sentiment honnête; et il n'est plus
rien dans la jeunesse et le sourire d'une

femme qui ne soit intéressé. Voilà ce qui stupéfie les jeunes filles qui le constatent, et il n'en est pas une, alors que le souci de son établissement ne la domine pas encore, à qui cet état d'esprit n'inspire une sorte de répulsion irrésistible.

Voudraient-elles dans leur naïveté que celui qu'elles aimeront ne se fût pas plus mal conduit qu'elles ? Mais oui, et pourquoi pas ? La pureté prouve les âmes fortes, et être pur c'est ne savoir obéir qu'aux sentiments pour lesquels on s'estime. Quant à l'inexpérience de deux jeunes êtres commençant ensemble leur apprentissage sentimental et sexuel, il n'y a pas d'exemple dans la nature que d'autres que des littérateurs séduits par la fable de Longus [1] s'en soient jamais trouvés bien longuement embarrassés, et c'est une thèse que Zola n'a pas songé à soutenir dans la faute de l'Abbé Mouret. Deux enfants éga-

1. *Daphnis et Chloé.*

lement inexpérimentés auraient sans doute
autant de chances de bonheur que l'homme et
la femme ayant vécu l'un et l'autre, et qui
s'unissent instruits par leur malheur passé de
la nécessité d'être l'un pour l'autre fidèles et
pitoyables.

Mais les jeunes hommes inexpérimentés ne
se rencontrent pas dans le milieu du commerce. L'homme résiste beaucoup moins que
la femme à la pression de l'ambiance et à
l'entraînement des camarades. Tous ne demeurent point tarés d'ailleurs, parce qu'ils
commencèrent presqu'enfants à faire la noce.
Zola remarque très justement qu'on se tient
plutôt bien entre vendeurs et vendeuses de
grands magasins [1]. A toutes les raisons qu'il
donne de fatigue et d'inimitié, il faut ajouter
celle d'une atmosphère délétère douée de pro-
priétés anesthésiques. Il est assurément des
hommes, qui à servir des femmes de luxe,

1. *Au Bonheur des dames.*

prennent le dégoût de ce qui leur ressemble, et leurs compagnes de travail n'ont qu'un trop vif penchant à imiter les allures des riches clientes. Partout les rayons de ganterie sont tenus par des hommes, il en est de même des « chichis » en cheveux. Pourquoi? Pour satisfaire aux besoins d'une certaine clientèle féminine qui n'ayant rien à faire qu'à « flirter », flirte avec n'importe qui, à propos de tout et de rien.

Ce n'est plus aussi accentué, dès qu'il s'agit de milieux moins étouffants et de gens aux nerfs moins exacerbés. A vivre avec des femmes, le jeune homme oublie certes que toutes peuvent être des objets de désir, mais il n'en sera que mieux disposé à reconnaître celle qui semble lui être plus particulièrement destinée. Il prend conscience d'une certaine douceur qui lui devient indispensable. Il se plie très volontiers, et comme tenue, et comme langage, aux exigences de ses compagnes. Leurs malaises,

leur infirmité physiologique même, ne les des-
servent point auprès de lui, pourvu qu'elles
aient de la pudeur. Il est très peu d'hommes
que le vrai courage d'une femme ne touche pas ;
aussi l'idée que leur femme travaillera après
le mariage leur est-elle vraiment pénible. Et
travailler, pour leur femme, le plus souvent
sera nécessaire. Le gain des hommes n'est pas
toujours suffisant pour un ménage. Il n'est
pas toujours supérieur même à celui des femmes. Il est des premières et secondes de grands
magasins qui se font de cinq à huit mille
francs par an ; et si le gain d'une sténographe
ne dépasse guère deux cent cinquante francs
par mois, le salaire d'un comptable n'atteint
que rarement plus de trois cents francs. Dans
le plus grand nombre des cas, la femme ga-
gnera cent vingt ou cent cinquante francs, et
l'homme deux cent ou deux cent cinquante
francs par mois. Dans les administrations,
dans certains grands magasins, la femme a

une retraite. Nulle part, on le voit, l'aide de la femme n'est négligeable.

Or, la jeune fille intelligente, gagnant sa vie, réservée, qui n'a pas gâché sa jeunesse et son cœur, a bonne opinion d'elle-même et se sent moralement supérieure au camarade qu'elle tente, mais qu'elle effraye. — « La femme, dit Ellen Key, s'est aperçue que sa nature amoureuse n'était pas la même que celle de l'homme, alors elle a commencé de souffrir [1] ». Mais l'homme, lui, se dit simplement qu'il est un homme, et il ne veut pas être jugé. De son infériorité, il n'a guère le sens. Il pense, quand il est médiocre, que les femmes ne s'amusent pas parce qu'elles risqueraient trop à s'amuser ; quand il est intelligent, il regrette que l'ambiance et les mœurs lui aient pour « s'amuser » donné tant de facilités, car il se souvient d'avoir été capable d'autant de fraîcheur de cœur que n'importe quelle jeune fille,

1. *L'amour et le mariage.*

et d'avoir vivement éprouvé le dégoût des complaisances vénales. Aujourd'hui, il rêve d'une affection désintéressée, et les jeunes fil-les autour de lui rêvent du mariage qui les tirera de là. Après avoir dit :

— « Je me marierai, si je trouve quelqu'un qui me plaise », elles déclarent :

— « Je me marierai si je suis sûre de ne plus travailler ».

Elles s'aigrissent parce qu'elles voient qu'un tel leur a préféré sa cousine de province quelque peu dotée et ignorante, assurément docile, et tel autre une ouvrière qui s'étant laissée séduire, s'est prouvée de la même espèce faillible, et dont par surcroît la reconnaissance lui est assurée, puisque nos préjugés, quand il s'agit de la femme, transforment la faiblesse en un crime honteux pour les abandonnées.

Que peuvent-elles donc faire, les jeunes filles honnêtes qui demeurent? Un beau mariage

avec un représentant, un voyageur, un ingénieur, qui leur demandera de bien porter la
toilette, d'être leur maîtresse autant que leur
femme et de n'avoir pas d'enfants.

Qu'une réussisse, et voilà pour un temps
bien des jeunes têtes à l'envers. Le camarade
n'est plus qu'un pis-aller; et ce pauvre camarade a rêvé d'être aimé pour lui-même, ce qui
est bien, en cet état de choses, la dernière
certitude qu'un homme puisse avoir. Pendant
qu'il s'acharne à obtenir cette belle preuve,
il verra avec stupeur la jeune fille qu'il distingue choisir un pleutre ou un paresseux, un
homme faible sans avenir et sans aptitudes, et
accepter la vie de travail forcené qu'il rou-
gissait de devoir lui offrir. C'est que la femme
aussi a besoin de sentir qu'elle protège, alors
que les hommes qui se respectent ne veulent
encore le plus souvent que la protéger. C'est
que leur vanité est extrême et s'insurge si la
meilleure déclare :

— « Si je ne me marie pas, mon plus grand regret sera de n'avoir pas d'enfant ».

Et cependant l'homme et la femme ne sont nullement faits uniquement l'un pour l'autre. Ils ont pour mission d'assurer l'avenir ; et les borner l'un à l'autre, c'est fermer tous nos horizons.

Faut-il donc croire, comme le voudraient des gens maussades, que notre moralité générale soit vraiment en décadence? Mais cette morale de maris de notre temps qui prétendent trouver dans leur épouse une maîtresse, sous prétexte qu'ainsi ils ne la tromperont pas, vaut bien la morale antique de Solon et de Lucrèce, avec sa Vénus des carrefours. Elle signifie simplement que ces maris veulent être aimés pour eux-mêmes et non par devoir ; elle les conduit à avoir des enfants sans l'avoir fait exprès, et leur confusion ne manque guère de les attendrir en faveur de ces intrus adorables. S'ils ont moins d'enfants qu'autrefois,

cela tient à d'autres causes qu'à leur immora-
lité plus littéraire que réelle. Et tout d'abord
à leur embourgeoisement qui les pousse à vouloir, eux aussi, jeter leurs enfants vers les
carrières libérales, lesquelles nécessitent des
études et des relations, du temps et de l'argent ; et encore à leur tendresse tatillonne et
excessive : avoir des enfants, ce n'est rien,
mais les rendre heureux à coup sûr, voilà bien
le difficile.

Enfin, pour une femme qui trouve dans le
mariage la tranquillité et l'aisance, combien
en est-il d'autres qui se résignent à continuer
de travailler ? Les plus farouches théories de
jeunes filles ne résistent guère à l'expression
d'un sentiment sincère, si ces mêmes jeunes
filles ont la joie de le faire naître ; mais de
mieux connaître les hommes les rend extrêmement méfiantes ; les hommes ont beau dé-
clarer que la seule aimée est la dernière
rencontrée, ce n'est pas une vérité bien en-

gagcante, et leurs femmes conservent, malgré
l'amour, une vue des choses plus matérialiste
qu'avant.

A vivre avec des hommes, la femme apprend
assurément l'inanité des vertus de sacrifice,
la folie pernicieuse du désintéressement cons-
tant et éternel. Ce qu'elle donne, elle veut
qu'on le lui rende. C'est un raisonnement que
les hommes admettent, car il leur semble hu-
miliant de toujours recevoir. Aussi n'esti-
ment-ils point juste que leur femme succombe
sous le poids d'une double tâche de travail-
leuse et de ménagère, dans le même temps où
ils s'efforcent de lui apprendre le goût des
promenades, et des sorties, et du plaisir, et
de la vie heureuse qui seule permet la vie active gaîment partagée. Si donc, par certains
côtés, la moralité féminine perd de sa grandeur, peut-être perd-elle aussi de cette mes-
quinerie rigide, propre aux gens trop sûrs
d'être vertueux; et la moralité des hommes

s'exhausse par la nécessité où ils se trouvent de ménager. moralement et physiquement, une compagne qui est une respectable collaboratrice, dont la tendresse nécessaire a des exigences exclusives.

Le foyer ne disparaît pas pour cela, autant qu'on veut bien le dire; il n'arrive jamais rien d'absolu dans la vie; on se contente de ne pas vouloir d'enfants tout de suite; pour obvier à cela, il suffirait d'élever la maternité au rang de fonction sociale, rétribuée en conséquence, L'homme qui s'est « amusé » tend, il est vrai, en dépit de lui-même, à considérer celle qu'il aime plutôt comme une complice que comme une épouse, et il s'efforce de la transformer en une bonne camarade égoïste, insoucieuse de l'avenir, pour la ramener à son niveau; mais la femme, si elle travaille, conserve son indépendance et défend victorieusement sa nature qui a besoin de la maternité. Il en est d'elle comme de la femme du peuple, seule la

dureté de la vie l'effraye et la détourne. La
défaite n'est à craindre que pour les désœu-
vrées, celles qu'un beau mariage transforme
en des femmes entretenues. Encore ne de-
viennent-elles que des malheureuses ou des
détraquées, comme cette triste Claire La
Plaine d'un roman de Jeanne Marni [1].

Enfin, on pense bien qu'une vie de travail
ne laisse guère de loisir pour l'adultère, dont
les gens aisés peuvent s'accommoder comme
d'un palliatif. Elle ne permet pas non plus
d'envisager la séparation à coups de caprice. Aussi serait-ce ici encore plus qu'ailleurs un véritable et dangereux abus de pouvoir que d'imposer le mariage indissoluble.
Lier deux êtres de force, pour toujours, c'est
mettre le plus faible à la merci du plus fort;
et le plus fort, en l'occurence, c'est celui qui
abusera, c'est le plus vil, le plus inconscient,
le plus perverti. Il est des hommes courageux

1. *Pierre Tisserand.*

incessamment ruinés, sinon davantage, par
des femmes qui n'ont attendu du mariage que
le pouvoir de satisfaire à d'effrénés instincts
de dépense. Il est des jeunes filles gagnant
bien leur vie qui, n'ayant pas rencontré l'a-
mour qu'elles rêvaient, se prennent d'affection
quelque jour pour un homme flatteur ou cou-
reur, ne demandant qu'à se laisser vivre. Elles le pressentent, mais elles s'illusionnent
parce que la solitude les effraye, parce que la
vie, même médiocre, avec sa platitude et ses
rancœurs, leur apparaît soudain préférable à
l'aridité du désert. Qu'un enfant leur vienne,
le charme est rompu, et le « frelon »[1] accepté
redevient méprisable.

Obliger deux êtres, qui se sont donné des
motifs de mépris ou de haine, à partager la
même demeure, à vivre quand même dans
cette intimité que comporte nécessairement
pour les pauvres la vie conjugale, ne nous ap-

1. *Les Frelons* d'Antonin Lavergne, auteur de *Jean Coste*.

paraît plus possible. L'église elle-même a ad-
mis la séparation de corps, et, qu'on le veuille
ou non, cette séparation comporte le divorce,
comme suite logique et naturelle. Que faire
des gens séparés ? Si la virginité est un état
difficile à soutenir, que dire du célibat après
mariage ? Il est sans doute des femmes si dé-
çues qu'elles s'évadent à jamais de l'amour,
comme de la glu d'un sinistre piège ; mais les
hommes ne courent point ainsi aux extrêmes ; ils ne retournent point ou guère à la débauche, et fondent plus volontiers des familles
irrégulières.

Et c'est bien parce qu'ils jugent « qu'hors
la mort, rien n'est plus irrémédiable que le
mariage », suivant le mot terrible de Tolstoï,
que des hommes préfèrent, après quelques an-
nées d'existence commune, épouser leur maîtresse, pour obéir à la fin de leur vie à la pression du monde. C'est pour soi qu'on aime,
vous diront-ils, c'est pour les autres qu'on se

marie. C'est parce que le mariage les épouvante avec son « irrémédiable » servitude que des jeunes filles instruites, capables d'une forte vie intérieure, optent pour le célibat et préfèrent se contenter du grand domaine de l'espérance et du rêve. C'est parce que le mariage indissoluble, hier encore, était la seule ressource des femmes que ces mêmes jeunes filles ne trouvent pour les épouser que des hommes incapables de leur inspirer de l'amour ou de l'estime, parce qu'ils s'adonnent sans contrainte et sans remords à tous les débordements possibles, et ne se marient eux aussi que pour finir, se croyant sûrs, bien imprudemment sans doute, que l'enfant désarmée qu'on leur livrera pour épouse ne pourra manquer de les trouver admirables.

Oui, certes, tous ces gens qui travaillent, hommes et femmes, ne savent plus vivre et mourir au nom de quelque vague omnipotente raison d'état. De moins en moins, ils admettent

l'ingérence de vaines formules dans les démê-
lés de leurs cœurs et l'économie de leurs ménages. De plus en plus, ils se prennent à sourire de l'illogisme de lois baroques, inspirées
de nécessités désuètes, et plus soucieuses de
sauvegarder des privilèges que de protéger
les opprimés, que de réprimer la violence et
d'éviter la discorde. Mais les ruches humaines
ont continué de bruire sous le soleil qui brille :
leurs habitants aiment le miel. Si la femme
se libère, elle libère des consciences. Partout
où elle ne dépend plus de l'homme pour se
suffire, elle apporte avec le don de sa personne
la confiance et l'amour. Elle nous impose en
même temps que la recherche du plus haut
idéal la compréhension d'erreurs dont l'intérêt ne fut point le mobile. Partout où elle possède à la fois une claire connaissance d'elle-
même et des difficultés de la vie, elle institue
entre elle et le compagnon qu'elle se donne,
dans le mariage, et hors du mariage, le ré-

gime supérieur de la liberté : car « je nomme libre, dit Spinoza, l'être qui existe par la seule nécessité de sa nature et qui n'est déterminé que par lui seul à agir » ; et ceux qui doivent travailler ensemble, et lutter, et attendre pour fonder leur demeure, ne sont pas les esclaves du hasard qui les appelle, mais c'est en mesurant ce qui les sépare qu'ils se sont trouvés réunis. Toutes les entraves apportées à l'essor de la femme ont aggravé la crise présente et n'ont rien empêché. Elles ne l'arrêteront plus, jusqu'au jour où cette place que des penseurs, que des poètes, ont accordée à la mère dans le domaine du rêve, et les meilleurs aux plus heureuses, sera enfin acquise pour toutes dans le domaine des faits, parce que c'est la justice.

TABLE

I. — L'Ouvrière à Paris.

Dans la rue 1
A la maison 17
L'enfant 35
L'isolée 57
La vieillesse 81

II. — L'Employée de Commerce à Paris.

La vocation 97
Au bureau 119
Sans place 139
Les jours de congé................................. 163
Le nid... 185

Imprimerie Générale de Châtillon-sur-Seine. — A. Pichat.

www.ingramcontent.com/pod-product-compliance
Lightning Source LLC
Chambersburg PA
CBHW061015280326
41935CB00009B/976